Senderprogrammierung

für

Elektro-Modellhubschrauber

Stefan Pichel

Bibliografische Information der Deutschen Nationalbibliothek
Die Deutsche Nationalbibliothek verzeichnet diese Publikation in der Deutschen Nationalbibliografie; detaillierte bibliografische Daten sind im Internet über http://dnb.d-nb.de abrufbar.

Webseite: www.heli-spass.de   E-Mail: abgehoben@heli-spass.de

Fotomodell: Henrieke Pflughoft
Fachkorrektur: Ulf Haerting
Lektorat: Denise Fritsch

Herstellung und Verlag: Books on Demand GmbH, Norderstedt

ISBN: 978-3-8391-7215-5

Inhaltsverzeichnis

Vorwort

Die Hersteller heutiger Computersender versuchen dem Piloten durch Konfigurationsmöglichkeiten eine komfortable Steuerung zu erlauben. Das Konfigurieren des Senders bezeichnet man üblicherweise als *Programmierung*. Dieser Begriff verdeutlicht, dass die passende Einrichtung des Senders nicht trivial ist und den Anfänger überfordern kann.

Mit diesem Buch richte ich mich daher an Einsteiger in das Hobby Elektro-Modellhubschrauberflug. Wenn Sie kein „Rundum-Sorglos-Paket" gekauft haben, bei dem dem Modell ein vorkonfigurierter Sender beilag, stehen Sie als Einsteiger vor dem Problem, einen geeigneten Sender zu erwerben, den Sie für das Modell selbst programmieren müssen.

Moderne Computersender bieten eine Vielzahl an Programmierungsmöglichkeiten. Die Gebrauchsanweisungen der Hersteller müssen alle Einstellungsmöglichkeiten beschreiben. Viele Einsteiger-Piloten wünschen sich jedoch eine Anleitung, die sich speziell mit den Themen befasst, die für die Steuerung eines Elektromodellhubschraubers interessant sind. Ich versuche diesem Anliegen mit meinem Buch Rechnung zu tragen. Daher habe ich eine Schritt-für-Schritt-Anleitung entwickelt, die sich eingehend mit der Programmierung eines Senders befasst.

An vielen Stellen wird beispielhaft die Konfiguration der beiden Sender *Graupner mx-16s* und *Futaba FF-10* beschrieben, damit es anschaulicher wird.

Ich bedanke mich bei Henrieke Pflughoft, die sich für dieses Buch auf Teneriffa ablichten ließ. Außerdem bin ich Ulf Haerting zu Dank verpflichtet, der mein Manuskript auf fachliche Fehler geprüft hat. Ein ganz großer Dank geht an meine Lektorin Denise Fritsch, die mit ihrer ausgesprochen sorgfältigen Korrekturarbeit wieder einmal bewiesen hat, welche Fallstricke die deutsche Sprache besitzt. Für Fehler bin ich als Autor natürlich selbst verantwortlich und freue mich auf Leserrückmeldungen.

Stefan Pichel

Hamburg, im April 2010

Kapitel 1

Kaufberatung

1.1   Die Wahl eines Senders

In diesem Kapitel werden Sie keine generelle Kaufempfehlung finden. Jeder Pilot hat eigene Ansprüche an den Sender, jedes Hubschraubermodell ist anders, und auch die rechtlichen und sicherheitsrelevanten Anforderungen sind je nach Einsatzort unterschiedlich. Aus diesem Grund soll Ihnen ein Kriterienkatalog bei der Suche nach einem geeigneten Sender helfen.

1.2   Checkliste

- Welches **Frequenzband** (Abschnitt 1.4) und welches **Funkprotokoll** (Abschnitt 1.5) wird verwendet? Beachten Sie zudem die regionalen Vorschriften, wenn Sie den Hubschrauber mit ins Ausland nehmen wollen. Der *Deutsche Modellflieger Verband* (DMFV) gibt auf seiner Homepage *www.dmfv.de* detaillierte Informationen zu diesem Thema.

- Stehen genügend **Kanäle** zur Verfügung, um auch mögliche Zusatzfunktionen wie beispielsweise ein Einziehfahrwerk oder die Beleuchtung anzusteuern? Die Anzahl der benötigten Kanäle hängt vom jeweiligen Modell und dessen Ausbau ab (siehe Abschnitt 1.6).

- Ist die Knüppelbelegung (**Steuermodus**) frei zuweisbar (Kapitel 4)? Bei der Art der Konfiguration gehen die Hersteller unterschiedliche Wege: Bei einigen Sendern ist dies eine globale Einstellung, andere erlauben eine modellabhängige Konfiguration. In diesem Fall kann der Sender von verschiedenen Piloten bequem durch Anwahl eines Modells umgestellt werden, manchmal sogar ohne mechanischen Eingriff. Dies kann insbesondere dann ein Vorteil sein, wenn der Sender auch von anderen Vereinsmitgliedern benutzt werden soll. Von Interesse kann zudem sein, wie der mechanische Teil der Steuermoduskonfiguration aussieht: Muss das Gerät dazu auseinandergenommen werden?

- **Wie liegt der Sender in der Hand?** Sind alle wichtigen Geber leicht zu erreichen? Können die Steuerknüppel verlängert werden, wenn es erforderlich ist?

- Sind alle für die Steuerung notwendigen **Schiebe-** und **Drehgeber** wie auch **Kippschalter** vorhanden, um die externen Module zu kontrollieren (Gyro-Empfindlichkeit, Einrichtung des Stabilisierungsmoduls usw.) und die gewünschten Zusatzfunktionen (Landegestell, Scheinwerfer, Kameraauslösung, Beleuchtung usw.) anzusteuern?

- Soll es ein *Pult-* oder ein **Handsender** sein? Viele Profi-Piloten steuern ihre Modelle über große und schwergewichtige Sender mit vielen Knöpfen und Reglern. Aber auch die leichten Handsender mit ihren wenigen Gebern können für die Steuerung eines Modellhubschraubers vollkommen ausreichen. Meist ist eine spätere Umrüstung zum Pultsender möglich, indem Sie im Handel entsprechende Einsätze erwerben.

- Bei einem Sender kann dessen **Gewicht** ein Kaufargument sein. Wollen Sie ihn an einem Nackengurt tragen, ist ein leichtes Gerät sicher angenehmer, an einem Schultergurt darf es hingegen etwas schwerer sein.

- **Schablonen**: Bei den meisten Sendern können Sie die Geber modellabhängig frei belegen. Wenn Sie nicht regelmäßig alle Modelle fliegen, ist die Wahrscheinlichkeit groß, dass Sie eine Funktionszuordnung auch mal vergessen. Die Gefahr ist besonders groß, wenn Sie von Zeit zu Zeit zwischen Flächen- und Helimodellen wechseln. Legt ein Hersteller seinem Modell mehrere beschriftbare Schablonen bei, die auf die Senderoberfläche gelegt werden können, so ist das eine große Hilfe.

- Welches **Zubehör** ist erhältlich? Interessantes Zubehör können bispielsweise lange Knüppel, Ladeadapter und Speicherkarten sein.

- Hat der Hersteller es vorgesehen, dass er zukünftig aktuelle **Firmware-Updates** einspielen kann? So können Sie mögliche Fehler durch ein Update beheben, wenn der Hersteller dieses zur Verfügung stellt.

- Der Sender mag noch so hervorragende Features bieten, doch wenn dem Gerät kein verständliches **Handbuch** beiliegt, wird die Einarbeitung unnötig erschwert. Ein gutes Handbuch zeichnet sich dadurch aus, dass es alle Funktionen verständlich erklärt und gegebenenfalls durch Beispielkonfigurationen erläutert. Wenn Hersteller die Handbücher ihrer Sender im Internet zum Download anbieten, können Sie sich schon vor dem Kauf näher mit dem in Frage kommenden Sender befassen.

Abb. 1.1: Wird der Sender nur mit einem schlechten Handbuch ausgeliefert, sollten Sie sich den Kauf sorgfältig überlegen!

- Das Batteriefach einiger Sender fasst **Standardbatterien** oder **-akkus** vom Typ Mignonzelle-AA. Wollen Sie einen solchen Sender erwerben, prüfen Sie vorher, ob die Batterien auch bei ruckartigen Bewegungen nicht ihren Kontakt verlieren. Andere Sender erwarten einen Akkublock — oft wird ein Nickel-Metallhydrid-Akku (NiMH-Akku) mitgeliefert. Der mitgelieferte Akku kann ein Verkaufsargument sein, erspart er doch die lästige Arbeit des Anlötens eines passenden Steckers.

- Ist das **Display** auch im hellen Sonnenlicht gut ablesbar? Einige Displays besitzen eine Hintergrundbeleuchtung, die die Konfiguration im dunklen Bastlerkeller erleichtern kann.

- Gibt es mehrere **Stoppuhren** bzw. **Timer**? Bleibt der Wert einer Stoppuhr auch erhalten, wenn der Sender zwischenzeitlich ausgeschaltet wird? Eine solche Zeitmessung kann für die Einhaltung von Wartungsintervallen benutzt werden.

- Soll der Sender im **Lehrer-Schüler-Betrieb** eingesetzt werden? In diesem Fall empfiehlt es sich, dass Lehrer- und Schüler-Sender vom gleichen Hersteller sind. Im Handbuch des Senders sollten Angaben zu finden sein, mit welchen anderen Sendern des Herstellers ein Lehrer-Schüler-Betrieb möglich ist.

- Lassen sich Einstellungen auf einer **Speicherkarte** abspeichern? Eine solche Sicherheitskopie hilft Ihnen, wenn Sie eine Fehlkonfiguration vorgenommen haben oder Ihre Daten auf einen anderen Sender gleichen Modelltyps übertragen wollen.

- Für das **Laden des Senderakkus** besitzen die Sender eine Ladebuchse. Beabsichtigen Sie, den Akku über diesen Weg zu laden, sollten Sie prüfen, ob der Ladevorgang mit Ihrem Ladegerät möglich ist. Achten Sie auf die Polung, da diese nicht bei allen Sendern einheitlich ist! Einige Sender besitzen als Schutz gegen Verpolung eine Diode und eine Sicherung, die durchbrennt, wenn die Ladegeräte eine impulsgesteuerte Schnellladung mit Lade- und Entladezyklen fahren (Delta-Peak-Methode). Es gibt Ladegeräte, die den Ladezustand alternativ mit einem anderen Verfahren messen können. Dies muss am Ladegerät vor Beginn des Ladevorgangs eingestellt werden (bei dem Ladegerät *next 7.36-8* von Schulze muss dazu beispielsweise der Parameter *Diode* auf *Ja* gesetzt werden). Es ist allerdings immer ratsamer, den Senderakku außerhalb des Senders zu laden, um Beschädigungen des Senders durch Erhitzen, Explodieren oder Auslaufen des Akkus zu vermeiden.

- Gegenüber der Kommunikation auf dem 35-/40-MHz-Band bieten die **Funkprotokolle** auf dem 2,4-GHz-Band mehr Sicherheit, denn vor allem die Gefahren durch die gefürchtete Kanaldoppelbelegung können auf dem 2,4-GHz-Band aufgrund der von den Herstellern eingesetzten Funkprotokolle nicht mehr auftreten. Wollen Sie einen neuen Sender kaufen, um Ihren 35-/40-MHz-Sender gegen einen 2,4-GHz-Sender zu ersetzen, können Sie Geld sparen, indem Sie nur das 2,4-GHz-Funkmodul erwerben, wenn es dieses als Erweiterung für Ihren 35-/40-MHz-Sender gibt. Herstellerabhängig stehen Ihnen in einigen Fällen nicht alle Optionen zur Verfügung, wenn Sie einen Sender durch Einsetzen eines Moduls auf 2,4-GHz umrüsten (Modellbindung, Fail-Safe, Rückkanalmeldung).

1.3   Senderaustausch bei einem RTF-Paket

Häufig geschieht der Einstieg in das Hobby Modellflug mit einem RTF-Modell (RTF steht für Ready-to-fly). Einem RTF-Modell liegt in der Regel ein Sender bei, so dass nach dem Laden der Akkus und dem Einsatz der (oft nicht enthaltenen) Senderbatterien mit dem Erstflug begonnen werden kann. Wenn der Erstflug nicht sofort zum Erst-*Crash* führt, ist die Wahrscheinlichkeit groß, dass der kurze Ausflug in die Welt des Modellflugs zu einer längeren Exkursion wird.

Sollten auch Sie diesen Einstieg gewählt haben, werden Sie sicherlich schon bald einige Komponenten des oft sehr preiswerten RTF-Pakets durch höherwertige Komponenten austauschen wollen. Die Sender, die die Hersteller diesen Paketen beilegen, sind in der Regel auf genau das mitgelieferte Modell ausgerichtet und besitzen einen eingeschränkten Funktionsumfang, der nicht mehr als die reine Steuerung des Modells erlaubt. Viele Möglichkeiten, die in den späteren Abschnitten dieses Buches genauer besprochen werden (z. B. die feinfühligere Steuerung durch DR-/Expo-Kurven oder die Anwendung von flugphasenspezifischen Parametern) bieten diese Sender nicht. Da liegt es nahe, den Sender durch ein alternatives Modell zu ersetzen.

In manchen Fällen stellt der Austausch kein Problem dar, in anderen ist er unmöglich. Meistens ist der Austausch zwar möglich, aber nicht unbedingt ratsam. Im Folgenden wollen wir uns konkret auf die Hubschrauber-RTF-Pakete fokussieren.

Beginnen wir mit der Betrachtung der *ultraleichten* Einstiegsmodelle, die beispielsweise von der Firma Silverlit hergestellt werden. Diese Modelle sind nur eingeschränkt steuerbar, da sie lediglich die Funktionen *Gieren* und *Steigen/Sinken* erlauben. Durch die Neigung, die man durch vorn angebrachte leichte Gewichte (z. B. Büroklammern) verändern kann, befinden sich diese Modelle stets im Vorwärtsflug. Jede Position ist im Raum anfliegbar, aber die Flugeigenschaften dieser Hubschrauber ähneln mehr den Tragflächenfliegern. Allerdings besitzen sie als Vorteil auch die tragflächentypische Eigenstabilität, d. h. der Hubschrauber richtet sich bei Neutralstellung der Knüppel korrekt aus.

Die Sender-Empfänger-Kommunikation erfolgt über eine Infrarot-Übertragung. Sollten sich für eine kurze Zeit Sichthindernisse zwischen Sender und Empfänger befinden, so bricht die Kommunikation während dieser Zeit zusammen. Das kann bereits der Fall sein, wenn eine

Hand versehentlich vor den Sender gehalten wird. Außerdem ist die Empfangsqualität von der Fluglage des Modells abhängig. Befindet sich der Empfangssensor auf der senderabgewandten Seite, so kann keine Kommunikation stattfinden. Um diese Modelle sinnvoll nachzurüsten, wäre demnach der Austausch des Senders *und* des Empfängers nötig. Die gesamte Elektronik dieser Miniaturhubschrauber ist im Inneren des Modells untergebracht und von einer Styropor-Masse umgeben. Es ist vom Hersteller nicht vorgesehen, dass der Anwender Zugang zu den elektronischen Komponenten hat. Sollte der Zugang gelingen, scheitert der Austausch am Gewicht des Empfängers, der zwar leicht sein mag, aber in Relation zum Gesamtgewicht des Modells zu schwergewichtig sein wird. Wenn schon das Gewicht von Büroklammern das Flugverhalten grundlegend verändert, kann kein handelsüblicher Empfänger als Ersatz dienen. Natürlich gibt es spezielle Miniaturempfänger, aber diese dürften den Preisrahmen sprengen. Den Silverlit-Modellen liegen Sender bei, die sogar die Modellakkus laden können (Abb. 1.2).

Abb. 1.2: Die Infrarot-Sender der Silverlit-PicooZ-Serie können auch den Modellakku laden.

Ein weiterer Punkt macht einen Empfängeraustausch schwierig: Nicht selten werden im Empfängermodul weitere Komponenten verbaut, die ebenso ausgetauscht werden müssen, wenn der Empfänger ausgewechselt werden soll. Insbesondere für die *RTF-Modellklasse ab 300 Gramm* ist dieser Aspekt relevant, da hier ein Austausch tatsächlich sinnvoll sein kann. RTF-Modelle von 300 bis 1000 Gramm besitzen alle Steuerfunktionen eines Hubschraubers (Nick, Roll, Gieren, Pitch). Im Gegensatz zu den Sendern der ultraleichten Modelle besitzen diese Sender entsprechend viele Funkkanäle und manchmal lässt sich mit einem Kippschalter sogar zwischen zwei Flugphasen umschalten. Eine Flugphase ist für drehzahlgesteuertes Fliegen für Einsteiger gedacht, während die andere Flugphase auch den 3D-Flug für fortgeschrittene Piloten erlaubt.

RTF-Modelle dieser Klasse werden häufig aus dem asiatischen Raum importiert. In einigen Fällen wird bei diesen Sendern noch das 27-MHz-Band verwendet, meist funken sie jedoch bereits auf 35 MHz, das auch in Deutschland das (noch) am meisten genutzte Frequenzband für den Modellflug darstellt. Allerdings unterstützen die verbauten Empfänger normalerweise nicht die in Europa eingesetzten PPM-/PCM-Funkprotokolle. Damit verbietet sich der Austausch eines Senders ohne gleichzeitigen Austausches des Empfängers. Wie zuvor angesprochen, befinden sich im Empfängermodul oft weitere Komponenten, die bei einem Austausch ebenso durch andere Module ersetzt werden müssen. Dazu gehören sowohl der Heckgyro als auch der Motorregler (Abb. 1.3).

Neben den vielen Importen gibt es auch deutsche Hersteller, die RTF-Modelle anbieten (z. B. die Firma Ikarus mit der Eco-Serie). Ebenso bieten einige Händler Modelle an, die sie zuvor selbst aus einem Bausatz zusammengebaut haben. Bei diesen Produkten können Sie davon ausgehen, dass hier Standardtechnik verwendet wurde, so dass der Austausch eines Senders weniger Probleme bereitet. Ist es bei Umgehung des proprietären PCM-Protokolls auf dem 35-MHz-Band trotz gegenteiliger Empfehlung oft möglich, Sender und Empfänger unterschiedlicher Hersteller zu verwenden, ist dies bei der 2,4-GHz-Technik in der Regel unmöglich, da jeder Hersteller ein eigenes Funkprotokoll für die Kommunikation auf diesem Frequenzband implementiert hat. Es gibt allerdings Ausnahmen, bei denen Senderhersteller die 2,4-GHz-Module ihrer Mitbewerber in ihre Sender einbauen und so die Anzahl der zu ihren Sendern kompatiblen Empfänger vergrößern.

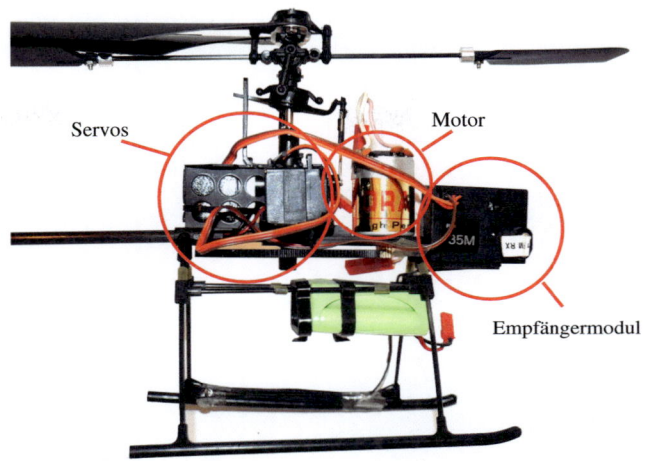

Abb. 1.3: Ein Blick auf den Aufbau des Walkera Dragonfly 4 zeigt die Reduzierung auf möglichst wenige Komponenten. Das Empfängermodul enthält auch den Motorregler und den Heckgyro.

1.4 Frequenzband

Die folgenden Angaben gelten für Deutschland. In anderen Ländern gibt es möglicherweise andere Frequenzzuteilungen!

Einigen der preiswerten und ultraleichten Fertig-Modellen liegen *27-MHz*-Sender bei. Diese Modelle können kaum Schaden anrichten, wenn Sie unbeabsichtigt abstürzen, so dass eine Kommunikation auf diesem Band vielleicht noch gerechtfertigt werden kann. Das 27-MHz-Band ist nämlich nicht ausschließlich für Flugmodelle reserviert!

Es gibt noch ältere Sendeanlagen, die auf *433 MHz* senden. Das ISM-Frequenzband (Industrial, Scientific, Medical) 433 MHz bis 434 MHz ist nach wie vor auch für Modellflugzwecke nutzbar. Wegen der Vielzahl anderer Funkdienste ist es jedoch nicht zu empfehlen.

Anders sieht es auf dem *35-MHz*-Band aus, das in ein A- und ein B-Band unterteilt wird. Die Kanäle 61 bis 80 des A-Bandes und 182 bis 191 des B-Bandes sind für den Modellflugbetrieb reserviert. Auch wenn der in Frage

kommende Sender die freie Kanalwahl erlaubt, müssen Sie sich üblicherweise beim Kauf für das A- oder B-Band entscheiden.

Beim *40-MHz-Band* stehen dem Flugmodellbau nur vier Kanäle zur Verfügung, die jedoch mit Modellautofahrern und Modellbootfahrern geteilt
werden müssen. Das Risiko einer Kanaldoppelbelegung dürfte daher bei
diesem Band größer als beim 35-MHz-Band sein.

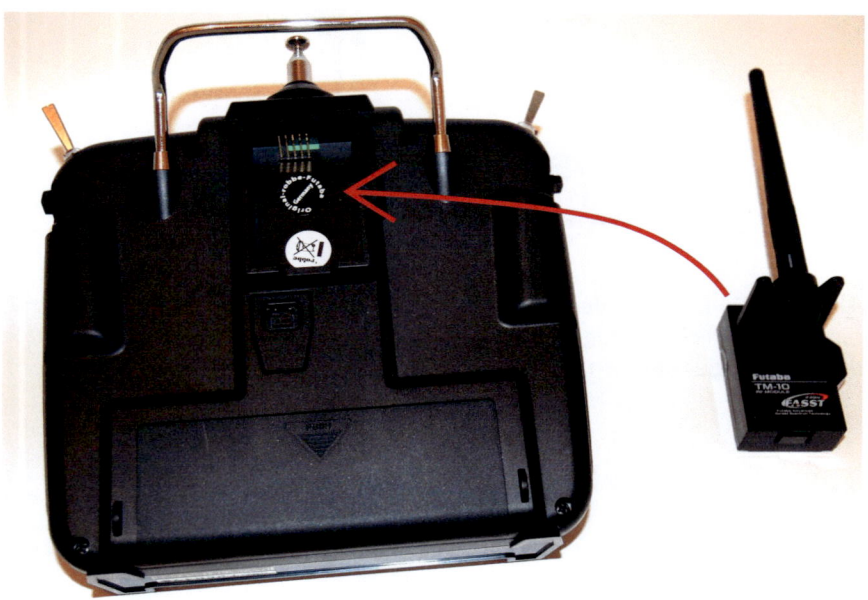

Abb. 1.4: Bei der Futaba FF-10 lässt sich das 2,4-GHz-Modul ohne Bastelarbeit
einsetzen. Die lange Antenne für den 35-/40-MHz-Betrieb verbleibt funktions-
los im Gerät.

Ganz neu auf dem Markt sind *2,4-GHz*-Sendeanlagen. Die Hersteller versprechen, dass es mit ihren Geräten nicht mehr zu Kanaldoppelbelegungen
kommen kann. Das Prinzip besteht aus einer intelligenten Frequenzum-
schaltung zur Laufzeit. Die Technik zur Vermeidung der Mehrfachbelegung
hat jeder Hersteller anders umgesetzt, so dass die Funkprotokolle nicht kompatibel zueinander sind und Sender und Empfänger zwingend vom gleichen
Hersteller sein müssen. Außerdem wird das 2,4-GHz-Band von sehr vielen Sendern außerhalb des Modellflugbetriebs genutzt (z. B. WLAN, Bluetooth). Es bleibt also abzuwarten, ob die Hersteller ihre Versprechen ein-

halten können.

Abb. 1.5: Die Firma Weatronic bietet 2,4-GHz-Module mit Patchantennen für Sender unterschiedlicher Hersteller an.

Viele Sender, die ursprünglich für das 35- oder 40-MHz-Band entwickelt worden sind, wurden in den letzten Jahren für das 2,4-GHz-Band adaptiert. In vielen Fällen können Sie ein vorhandenes 35-/40-HF-Modul durch ein 2,4-GHz-Sendermodul (bestehend aus der HF-Elektronik und der Stab- (Abb. 1.4) oder Patchantenne (Abb. 1.5)) ersetzen und einen 35-/40-MHz-Sender auf diese Weise zu einem 2,4-GHz-Sender umrüsten. Wichtig ist allerdings, dass anschließend die 2,4-GHz-typischen Menüpunkte zur Verfügung stehen, z. B. die Betriebsart mit verminderter Sendeleistung für den Reichweitentest (Kapitel 8) und bei Verwendung in Frankreich die Begrenzung auf die dort erlaubten Kanäle.

 Vorsicht ist bei Importen aus dem Ausland geboten. In manchen Fällen erfüllen diese Sender nicht die Vorgaben der Bundesnetzagentur und besitzen daher in Deutschland keine Betriebserlaubnis. Das kann beispielsweise bedeuten, dass unerlaubte Kanäle verwendet werden oder die Ausgangsleistung über dem erlaubten Limit liegt. Der Pilot ist für den rechtlich einwandfreien Betrieb selbst verantwortlich!

1.5 Funkprotokolle

Wer einen 35-/40-MHz-Sender einrichtet, muss sich zwischen *PPM (Puls Position Modulation)* und *PCM (Puls Code Modulation)* entscheiden. Während PPM sowohl in frequenz- als auch in älteren amplitudenmodulierten Sendern zur Verfügung steht, gibt es PCM nur in frequenzmodulierten Sendern. Im Gegensatz zu PPM bieten PCM-Protokolle durch fehlerkorrigierende Implementierungen größere Sicherheit bei Funkstörungen. Leider sind PCM-Anlagen unterschiedlicher Hersteller nicht kompatibel miteinander.

Frequenzmodulierte PPM-Sender halten sich an ein einheitliches Protokoll, so dass in dieser Betriebsart Sender und Empfänger von unterschiedlichen Herstellern miteinander kommunizieren können. Wenn Sie einen Empfänger in die engere Auswahl nehmen, der einen Quarz benötigt, sollten Sie beachten, dass dieser Quarz vom gleichen Hersteller wie der Empfänger ist. Das gleiche gilt für den Sender.

Betrachtet man die 2,4-GHz-Anlagen, wird es noch unübersichtlicher: Zu den bekanntesten Funkprotokollen gehören:

- *FASST-System:* Die Sender der Firma Robbe/Futaba basieren auf dem FASST-System: Sender und Empfänger sorgen durch schnellen Frequenzwechsel und durch ein geeignetes Funkprotokoll dafür, dass (schmalbandige) Störungen keinen großen Einfluss auf die Steuerungen haben und durch die kurze Belegungszeit eines Kanals weniger Signalkonflikte auftreten können.

- *IFS-System:* Das System IFS der Firma Graupner fußt auf einem anderen Konzept: IFS ist ein bidirektional arbeitendes Funkprotokoll. Beim Einschalten handeln Sender und Empfänger einen freien Kanal mit guter Übertragungsqualität aus. Während der Laufzeit wird durch Rückmeldungen des Empfängers erkannt, wenn die Signalqualität schlechter wird, so dass in diesem Fall auf einen anderen Kanal mit besserem Signal gewechselt wird.

- *Dual FHSS-System:* Die Funktechnologie der Firma Weatronic kann in Sendern unterschiedlicher Hersteller eingesetzt werden. Bei Dual FHSS werden 81 Frequenzen mit einer Kanalbreite von einem MHz verwendet. Sender und Empfänger wechseln zwischen diesen Frequenzen hundert Mal pro Sekunde in pseudozufälliger Reihenfolge, deren Algorithmus jeweils nur dem Sender und dem an diesen gebundenem Empfänger bekannt ist. Gestörte Kanäle werden für kurze Zeit ausgespart. Dual FHSS besitzt einen Hin- und einen Rückkanal: Auf dem Hinkanal schickt der Sender die Daten zur Steuerung des Modells, auf dem Rückkanal erhält er Informationen über die Empfangsqualität, die Akkuspannung der Empfängerstromversorgung und die Temperatur vom Empfänger. Je nach Ausbau und Einstellung werden weitere

Daten über den Rückkanal gesendet. Alle Daten auf diesem Rückkanal werden auf einer micro SD-Karte im Sendemodul gespeichert und können für eine spätere Analyse auf einem Computer ausgewertet werden. Die Sendeantennen sind so genannte Patchantennen (auch als *Polarflächenantennen* bezeichnet), die eine gute Abstrahlungscharakteristik besitzen (keine eindeutige Polarisation). Die Benutzung von Patchantennen gegenüber Stabantennen hat Vorteile, wenn Hindernisse wie Bäume oder Gebäude die Sichtverbindung zwischen Sender und Empfänger behindern. Hindernisse absorbieren die Strahlung nämlich je nach Material in verschiedenen Polarisationsebenen, sodass Patchantennen gegen Absorbierungen unempfindlicher sind.

Die meisten anderen Funkprotokolle lehnen sich an eines der vorgestellten Systeme an, sind jedoch nicht miteinander kompatibel. Der parallele Betrieb von Fernsteueranlagen verschiedener Hersteller scheint sich gegenseitig nicht negativ zu beeinflussen. Die Hersteller setzen neben der 2,4-GHz-Funktechnik meist auch auf Diversity-Lösungen: Diese bestehen aus zwei Empfängern mit jeweils einer Antenne. Es wird das stärkere der beiden Empfangssignale genutzt, um eine bessere Ausfallsicherheit bei ungünstigen Flugpositionen zu erreichen.

1.6 Anzahl benötigter Kanäle

Der Begriff *Kanal* wird etwas irreführend verwendet: Ein 10-Kanal-Sender belegt auf dem 35-MHz-Band natürlich nicht zehn Funkfrequenzen, denn dann könnten auf einem Flugplatz mit einer 35-MHz-Zulassung nur maximal drei Piloten mit einem solchen Sender gleichzeitig aktiv sein. Stattdessen werden die Senderkanäle auf einem Frequenzkanal moduliert. *Da die 2,4-GHz-Technik noch sehr neu ist, die auf dieser Frequenz eingesetzten Funkprotokolle sicher noch weiterentwickelt werden und die Hersteller sich mit detaillierten Informationen zurückhalten, wagt der Autor hier keine Aussage. Aufgrund der auf dem 2,4-GHz-Band eingesetzten Techniken (Frequenzumschaltung-/hopping) ist es jedoch zweitrangig, wie die Senderkanäle auf Frequenzkanäle umgesetzt werden.*

Ein Sender muss genügend Kanäle besitzen, damit ein Hubschrauber mit ihm gesteuert werden kann. Dies hängt einerseits von der Konstruktion des Modells ab (Taumelscheibentyp, Heck- und Horizontalstabilisierung), andererseits von dessen Ausbau (ausfahrbares Landefahrwerk, Beleuchtung).

Der einfachste Hubschrauber besitzt eine durch geschickte Gewichtsvertei-
lung erreichte Vorwärtsneigung, so dass er stets vorwärts fliegt, wobei die
Neigung die Geschwindigkeit bestimmt. Der Pilot kann den Hubschrauber
steigen/sinken und gieren (Drehung um die Hochachse) lassen. Da er keine weiteren Einflussmöglichkeiten hat, benötigt er einen Sender mit nur
zwei Kanälen. Diese Modelle werden in der Regel jedoch bereits mit einem
Sender ausgeliefert.

Ein einfacher vollwertiger Hubschrauber besitzt alle Steuermöglichkeiten
(Roll, Nick, Gieren, Steigen), verfügt jedoch nur über eine Taumelscheibe
vom Typ H-1 (eine Auflistung der Taumelscheibentypen findet sich in Kapitel 6) und verzichtet auf eine variable Blattanstellung (Pitch). Stattdessen
wird das Steigen und Sinken des Hubschraubers durch die Veränderung der
Drehzahl erreicht. Ein derartiges Modell kann mit einem Sender mit vier
Senderkanälen betrieben werden (Rollservo, Nickservo, Gieren über Heckrotor oder Geschwindigkeitsänderung einer Rotorebene beim Koaxialtyp,
Motordrehzahl). Viele Koaxialhubschrauber sind nach diesem Muster konstruiert. Handelt es sich jedoch nicht um ein Koaxialmodell, setzt man für
die Heckstabilisierung einen Gyro ein, dessen Empfindlichkeit je nach Modell über einen eigenen Kanal während des Fluges eingestellt werden kann.
In diesem Fall wird ein fünfter Kanal benötigt.

Die meisten Modelle oberhalb der Einstiegsklasse besitzen eine aufwendigere Taumelscheibenkonstruktion, so dass in der Regel drei Servos für diese Ansteuerung dafür benötigt werden. Für diese Hubschrauber benötigen
Sie einen Sender mit mindestens fünf Kanälen (3 Taumelscheibenservos, 1
Heckservo, 1 Kanal für die Heckgyro-Empfindlichkeit). Es gibt allerdings
auch komplexe Modelle, die vier Servos für die Taumelscheibenansteuerung
einsetzen, so dass in diesem Fall noch ein weiterer Senderkanal benötigt
würde.

Wenn Sie eine Horizontalstabilisierung einsetzen, wird die Ansteuerung aller Taumelscheibenservos über das Stabilisierungsmodul vorgenommen. Die
Anzahl der benötigten Kanäle erhöht sich jedoch in der Regel noch, da Sie
möglicherweise die Empfindlichkeit der Stabilisierung über einen eigenen
Kanal während des Fluges steuern möchten.

Wenn Sie beabsichtigen, den Hubschrauber mit einigen aktiven Zusatzkom-
ponenten (Beleuchtung, Landegestell, Seilwinde usw.) auszustatten, benötigen Sie neben den reinen Steuerkanälen weitere Kanäle, um diese Komponenten anzusteuern.

Kapitel 2

Ersteinrichtung

2.1 Ziel der Senderprogrammierung

Ein Hubschrauber fliegt nicht von alleine. Er ist auf Signale des Piloten angewiesen. Handelt es sich bei dem Hubschrauber um ein ferngesteuertes Modell, so werden diese Signale über einen Sender zum Empfänger im Modell gesendet. Nun ist ein Hubschrauber ein sehr komplexes Fluggerät: Steuerbewegungen (Steigen/Sinken, Vorwärts-/Seitwärts-Bewegung, Drehung um die Hochachse) lassen sich nicht isoliert betrachten, sondern beeinflussen sich gegenseitig. Außerdem gibt es mehr Steuermöglichkeiten als Finger zum Steuern vorhanden sind. Die Hersteller heutiger Computersender versuchen dem Piloten daher durch Konfigurationsmöglichkeiten eine möglichst komfortable Steuerung zu ermöglichen. Das Konfigurieren des Senders bezeichnet man üblicherweise als *Programmierung*. Dieser Begriff verdeutlicht, dass die passende Einrichtung des Senders nicht trivial ist!

Da ein Sender die verschiedensten Modelltypen bedienen können muss und die Ansprüche der Piloten weit auseinander gehen, erscheint die Programmierung auf den ersten Blick kompliziert. In diesem Kapitel soll die Programmierung daher anhand einer Schritt-für-Schritt-Anleitung beschrieben werden.

2.2   Vorsicht bei der Ersteinrichtung

 In den folgenden Abschnitten wird die Ersteinrichtung des Senders beschrieben. Achten Sie darauf, dass Sie sich während der Einstellarbeiten keinen unnötigen Gefahren aussetzen! Stellen Sie sicher, dass der Motor nicht anlaufen kann, wenn dessen Betrieb nicht zwingend erforderlich ist (Ritzel abziehen, Stromversorgung des Motors unterbrechen usw.).

2.3   Programmierschritte

Der Heli ist montiert, der Sender steht daneben, aber jetzt wird es erst richtig interessant: Damit aus dem Dekogegenstand auch ein fliegender und steuerbarer Flugkörper wird, müssen Sie den Sender auf das Modell programmieren.

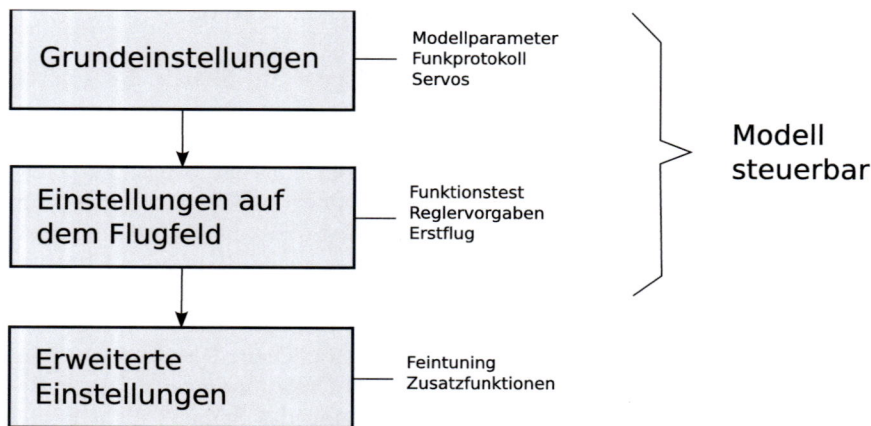

Abb. 2.1: Die Programmierung eines Hubschraubermodells geschieht in mehreren Schritten, deren Inhalte in den folgenden Abschnitten genauer erklärt werden.

Insgesamt lässt sich die Programmierung in drei Phasen unterscheiden, wie sie in Abb. 2.1 aufgezeigt sind. Die Grundeinstellungen legen fest, wie Sender und Empfänger miteinander kommunizieren und von welchem Typ der Hubschrauber ist bzw. welche Komponenten verbaut wurden.

Daran schließen sich die Einstellungen an, die nur auf dem Flugfeld vorgenommen werden können. Danach ist das Modell flugbereit.

Möchten Sie jedoch noch weitere Funktionen des Hubschraubers nutzen (Fahrwerk, Beleuchtung, Seilwinde usw.), so können Sie diese auch im Sender programmieren. Außerdem können Sie das Flugverhalten noch „geschmeidiger" machen, indem Sie bestimmte Flugphasen mit angepassten Steuerkurven definieren.

In den folgenden Abschnitten werden diese Schritte ausführlich beschrieben. Wenn einige Punkte tiefergehend in einem gesonderten Kapitel behandelt werden, wird dies im Folgenden jeweils angemerkt.

2.4 Grundeinstellungen

Im ersten Schritt müssen sowohl am Sender als auch am Empfänger Einstellungen vorgenommen werden, die noch im Bastelkeller erfolgen können (Abb. 2.2). Diese Einstellungen werden im Folgenden genauer erklärt. Da manche Arbeitsschritte etwas komplizierter sind, wird an einigen Stellen auf eigenständige Kapitel verwiesen.

1. *Abgleich auf eine gemeinsame Frequenz (35/40 MHz)*: Wenn Sie keinen Quarz verwenden, muss der Empfänger wissen, auf welchem Kanal der Sender seine Signale funkt (**Kapitel 3**). Der Empfänger speichert diesen Kanal auch im ausgeschalteten Zustand und erst ein neuer Abgleich überschreibt diesen Kanal.

2. *Kopplung von Sender und Empfänger (2,4 GHz)*: Damit sich Sender und Empfänger miteinander unterhalten können, müssen sie sich kennenlernen. Dieses Kennenlernen, was auch als *Bindung* bezeichnet wird, kann daraus bestehen, dass Sender und Empfänger

   • sich auf einen gemeinsamen Funkkanal einigen,

   • die eindeutige ID des Kommunikationspartners austauschen, damit Kommandos nicht vom falschen Empfänger interpretiert werden,

   • sich über weitere Parameter des Funkprotokolls austauschen.

   Die Kopplung bzw. der Abgleich auf einen gemeinsamen Funkkanal ist eine Aktion von wenigen Sekunden (**Kapitel 3**).

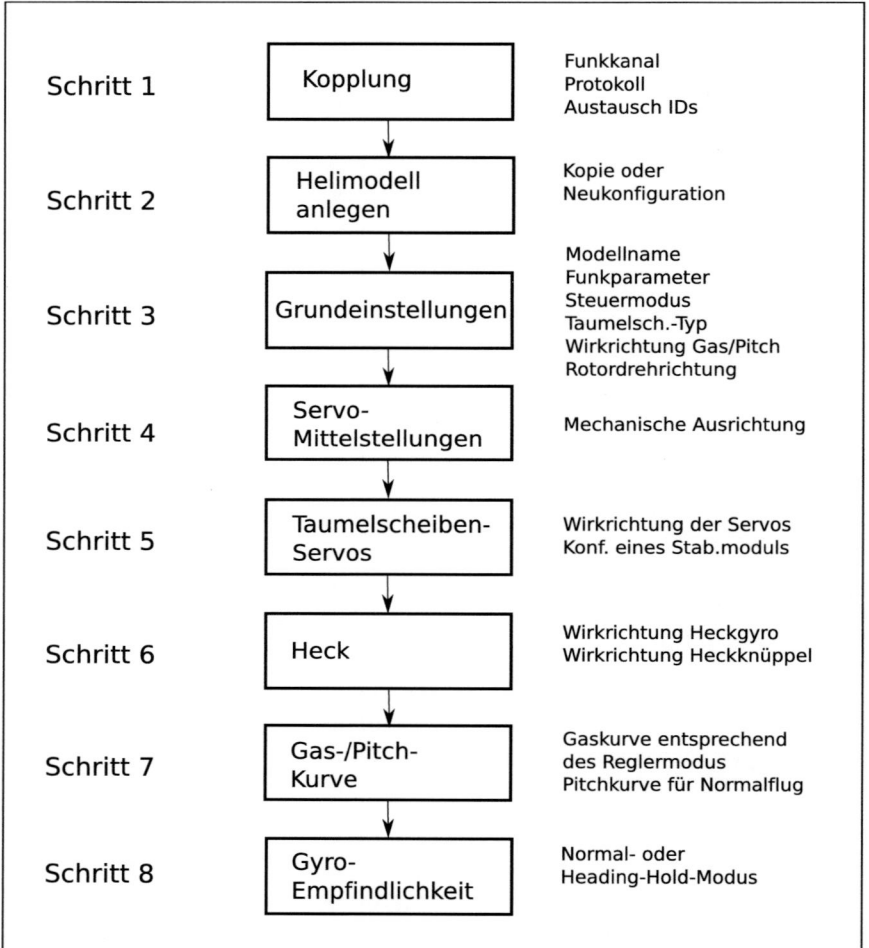

Schritt 1	Kopplung	Funkkanal Protokoll Austausch IDs
Schritt 2	Helimodell anlegen	Kopie oder Neukonfiguration
Schritt 3	Grundeinstellungen	Modellname Funkparameter Steuermodus Taumelsch.-Typ Wirkrichtung Gas/Pitch Rotordrehrichtung
Schritt 4	Servo-Mittelstellungen	Mechanische Ausrichtung
Schritt 5	Taumelscheiben-Servos	Wirkrichtung der Servos Konf. eines Stab.moduls
Schritt 6	Heck	Wirkrichtung Heckgyro Wirkrichtung Heckknüppel
Schritt 7	Gas-/Pitch-Kurve	Gaskurve entsprechend des Reglermodus Pitchkurve für Normalflug
Schritt 8	Gyro-Empfindlichkeit	Normal- oder Heading-Hold-Modus

Abb. 2.2: Reihenfolge der Grundeinstellungen, die noch im Bastelkeller vorgenommen werden können.

3. *Helimodell im Sender anlegen*: Gibt es schon ein vergleichbares Modell im Sender, können Sie dessen Parameter in einen anderen Mo-
   dellspeicher kopieren. Andernfalls müssen Sie das Modell von Grund
   auf neu einrichten.

4. *Grundeinstellungen*: Legen Sie grundsätzliche Einstellungen des Mo-

dells im Sender fest. Dazu gehören unter anderem:

- Modellname, damit Sie das Modell später im Speicher wiederfinden,
- Funkprotokoll, falls modellabhängig, damit der Sender den im Modell verbauten Empfänger korrekt ansprechen kann,
- Steuermodus, falls modellabhängig - **Kapitel 4**,
- Taumelscheibentyp - **Kapitel 6**,
- Wirkrichtung des Gas-/Pitch-Knüppels,
- Rotordrehrichtung.

5. *Mechanische Ausrichtung*: Verbinden Sie zunächst nur die Heliservos mit dem Empfänger. Der Motor darf in dieser Phase aus Sicherheitsgründen noch nicht verbunden werden! Lassen Sie die Anlenkgestänge noch ausgehängt. Schalten Sie nun Sender und Heli ein. Achten Sie darauf, dass noch keine Trimmung aktiv ist. Wenn Sie ein Modell neu angelegt haben, wird das in der Regel der Fall sein. Anders kann es sein, wenn Sie durch die Kopie eines bereits definierten Modells auch dessen Trimmung übernommen haben. Die Servos sollten nun ihre Nullstellung annehmen. Nun können Sie die Gestänge verbinden und das mechanische Feintuning vornehmen. Die Taumelscheibe sollte waagerecht ausgerichtet sein und des Heck in Mittelstellung auf dem Verfahrweg.

6. *Wirkrichtung der Taumelscheibenservos*: Die Wirkrichtung der Taumelscheibenservos müssen Sie dem Sender bekannt machen, wenn Sie keine elektronische Taumelscheibenstabilisierung einsetzen. In diesem Fall müssen Sie entweder mit einer mechanischen oder einer senderseitigen Servowegbegrenzung sicherstellen, dass die Servos nicht anschlagen.

Am besten prüfen Sie zunächst, ob bei einer Pitchänderung alle Taumelscheiben-Servos in die gleiche Richtung steuern, d. h. die Taumelscheibe ohne Verkippung axial verschoben wird. Ist dies nicht der Fall, müssen Sie am Sender anhand der Servoumkehr der jeweils in die falsche Richtung steuernden Servos diesen Zustand erreichen. Anschließend testen Sie, ob Roll- und Nick-Ausschläge der Knüppel korrekt wirken. Führen die Steuerknüppelbewegungen zu einer Verkippung in die falsche Richtung, müssen Sie die Roll- oder Nick-Wirkrichtung am Sender umkehren.
Setzen Sie dagegen ein *Stabilisierungsmodul* für die automatische

Horizontalausrichtung ein (z. B. HeliCommand oder GyroBot), so
können Sie grundsätzliche Einstellungen bereits hier durchführen
(Bekanntmachung des Taumelscheibentyps und Festlegung der
Wirkrichtung der Servos, Servowegbegrenzungen).

7. *Heckstabilisierung*: Legen Sie nun die Wirkrichtung des Heckgyros
   fest. Drehen Sie das Modell um die Hochachse und beobachten Sie,
   in welche Richtung der Heckservo ausgerichtet wird. Der Heckrotor
   soll der Drehrichtung entgegensteuern (Abb. 2.3). Ist die Wirkrichtung falsch, müssen Sie am Heckgyro die umgekehrte Wirkrichtung
   einstellen.

8. *Wirkrichtung Heckknüppel*: Wenn Sie den Heckknüppel betätigen,
   muss das Servo in die korrekte Richtung ausgelenkt werden. Ist dies
   nicht der Fall, können Sie die Servoumkehr am Sender aktivieren.
   Auch hier ist eine Servowegbegrenzung einzustellen, falls der Verfahrweg zu kurz ist.

9. *Gas- und Pitchkurven*: In Abhängigkeit vom Reglermodus muss eine
   entsprechende Gaskurve eingestellt werden. Arbeitet der Regler,
   der auch als *Motorcontroller* bezeichnet wird, im Regler-Modus, so
   muss die Gaskurve so eingestellt werden, dass die Rotordrehzahl
   bei Pitchänderungen konstant bleibt. Ist am Regler jedoch der
   Governor-Modus aktiviert, so sollte die am Sender konfigurierte
   Gaskurve eine Konstante sein, denn in diesem Fall übernimmt der
   Regler die Leistungssteuerung. Auf dem Flugfeld wird die Kurve
   später anzupassen sein, damit die korrekte Rotordrehzahl erreicht
   wird.

   Stellen Sie anschließend eine geeignete Pitchkurve ein, die Sie
   für einen normalen Rundflug benötigen. Eine Pitchkurve für den
   3D-Flug können Sie später über eigene Flugphasen definieren.
   Überprüfen Sie mit einer Pitchlehre am Modell, ob die Pitchwerte
   bei den Knüppelpositionen Min, Null und Max korrekt sind. Achten
   Sie darauf, dass die Servos nicht anschlagen.

   Eine detaillierte Beschreibung finden Sie in **Kapitel 7**.

10. *Empfindlichkeit der Gyros*: Stellen Sie nun die Empfindlichkeit des
    Heckgyros ein. Setzen Sie eine Horizontalstabilisierung ein, so sollten
    Sie auch hier mit vorsichtigen Werten beginnen. Oft besitzen die Sta-
    bilisierungsmodule bzw. die Gyros Eingangskanäle, über die sich die
    Arbeitsweise (Normal oder Heading-Hold) und die Empfindlichkeit

im Flugbetrieb einstellen lässt. Dies ist gegebenenfalls durch Zuweisung eines geeigneten Gebers am Sender zu berücksichtigen.

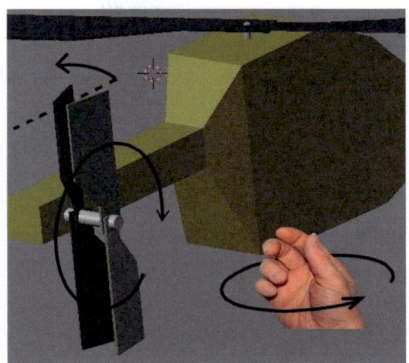 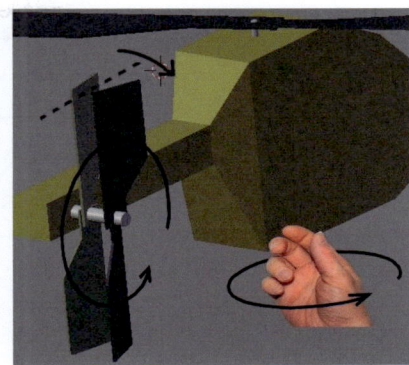

Abb. 2.3: Bestimmen Sie die korrekte Wirkrichtung des Heckgyros, indem Sie den Hubschrauber bei ausgeschaltetem Antrieb mit der Hand um die Hochachse drehen. Wird das Drehmoment über einen pitchgesteuerten Heckrotor ausgeglichen, wird der Gyro den Heckpitch bei Beginn der Bewegung kurzzeitig verändern. Die richtige Auslenkung ist für einen rechtsdrehenden Heckrotor (links) und einen linksdrehenden Heckrotor (rechts) für das nach oben zeigende Heckrotorblatt eingezeichnet.

Wenn Sie diese Grundeinstellungen vorgenommen haben, sollten Sie zunächst mit der in den meisten Sendern eingebauten Servoweganzeige testen, ob bei allen Aktionen (Knüppelbewegungen, Betätigung der Geber) auf allen Kanälen tatsächlich die erwarteten Ausgangssignale anliegen. Besonderes Augenmerk ist auf den Motorcontroller zu richten, damit hier keine bösen Überraschungen entstehen. Außerdem sollten Sie prüfen, ob auch auf dem Empfindlichkeitskanal des Gyros in jeder Konstellation die richtigen Werte anliegen.

2.5 Einrichtung auf dem Flugfeld

Die in diesem Abschnitt aufgeführten Schritte müssen auf dem Flugfeld erfolgen. Sie bestehen größtenteils aus Test- und wenigen Einstellungsschritten.

1. *Reichweitentest*: Bevor Sie mit den weiteren Einstellungen fortfahren,

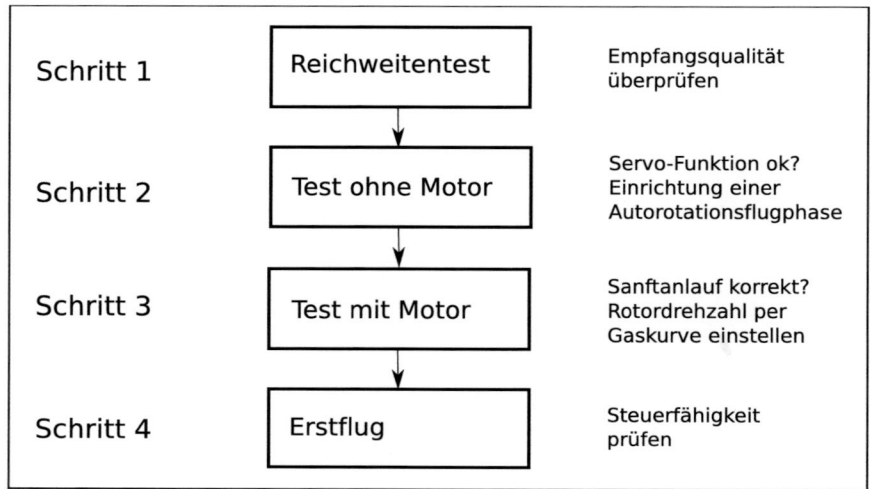

Abb. 2.4: Diese Einstellungen sind auf dem Flugfeld mit ausreichendem Abstand zu anderen Personen, Tieren und Gegenständen vorzunehmen.

sollten Sie einen Reichweitentest vornehmen. Dieser besteht bei 35-/40-MHz-Anlagen daraus, dass bei eingezogener Senderantenne die Übertragungsqualität in geringem Abstand überprüft wird, d. h. die Servos ohne Zittern reagieren. 2,4-Ghz-Sender sehen für diesen Test eine Betriebsart mit verminderter Sendeleistung vor. Ist dieser Test positiv, so können Sie davon ausgehen, dass bei ausgezogener Antenne auch wesentlich größere Distanzen möglich sind (**Kapitel 8**).

2. *Reglertest*: Zum Testen des Gesamtmodells sei empfohlen, zunächst ohne Rotorblätter zu testen. Schließen Sie den Regler an den Empfänger an und schauen Sie, ob sich der Rotor wie erwartet dreht. Beachten Sie, dass auch der Heckrotor Verletzungen verursachen kann! Es kann nicht schaden, bereits zu diesem Zeitpunkt eine Autorotations-Flugphase einzustellen (**Kapitel 7**), um im Notfall sofort den Motor abschalten zu können.

3. *Abstand*: Platzieren Sie das Modell in ausreichendem Abstand zu sich selbst, zu anderen Personen, Tieren und Gegenständen. Sollte Ihr Heli trotz aller Vorsicht später nicht steuerbar sein, wird er möglicherweise dennoch abheben, bevor er in einiger Entfernung vom Startort zerschellt. Das wäre zwar sehr traurig, aber mehr als ein Schaden am

Modell darf nicht passieren! Führen Sie eventuell zur Sicherheit einen erneuten Reichweitentest durch. Montieren Sie nun die Rotorblätter. Prüfen Sie die Blattanstellung (Pitch) um sicherzugehen, dass Ihr Heli nicht unbeabsichtigt abheben kann.

4. *Rotordrehzahl*: Lassen Sie den Rotor bei negativem Pitch rotieren. Messen Sie mit einem geeigneten Messgerät die Drehzahl und passen Sie anschließend die Gaskurve so an, dass die vom Hersteller vorgegebenen Zielwerte eingehalten werden. Achten Sie bei der Messung auf ausreichenden Abstand zum Modell. Es gibt Messgeräte, die unter der Rotorebene angebracht werden, durch Reflektion die Durchgänge messen und den Maximalwert speichern. Diesen Wert können Sie später nach Abschalten des Modells ablesen. Messgeräte die nach dem Stroboskop-Prinzip funktionieren, erlauben auch die Messung der Drehzahl während des Fluges.

5. *Erstflug*: Es wird ernst! Testen Sie den Erstflug! Auch ohne die im nächsten Kapitel angesprochenen Feinabstimmungen sollte Ihr Heli bereits gut steuerbar sein.

2.6 Erweiterte Einstellungen

Dieses Unterkapitel soll zeigen, welche fortgeschrittenen Einstellungen am Sender vorgenommen werden können, um das Modell noch besser in Szene setzen zu können. Die Abb. 2.5 führt einige Beispiele auf.

1. *Einrichtung von Flugphasen*: Bereits im vorangegangenen Schritt wurde darauf hingewiesen, dass die Einrichtung einer Autorotations-Flugphase vorteilhaft für die Erstinbetriebnahme ist. Wenn Sie ein fortgeschrittener Pilot sind, benötigen Sie diese Phase natürlich für ihren eigentlichen Bestimmungszweck: der Landung ohne Motorkraft.

   Zusätzlich können Sie weitere Flugphasen einrichten, deren Anzahl sich nach dem verwendeten Sendermodell und den zur Verfügung stehenden Gebern richtet:

   - *Rundflug*: Reduzierte Kreiselempfindlichkeit, damit das Heck im schnellen Vorwärtsflug nicht zittert. Lineare Roll- und Nick-Kurven für gleichmäßiges Reaktionsverhalten;

   - *Schwebeflug*: Unter Anwendung von Expo und DR die Definition von Nick- und Rollkurven für eine sanfte Landung (**Kapitel 9**);

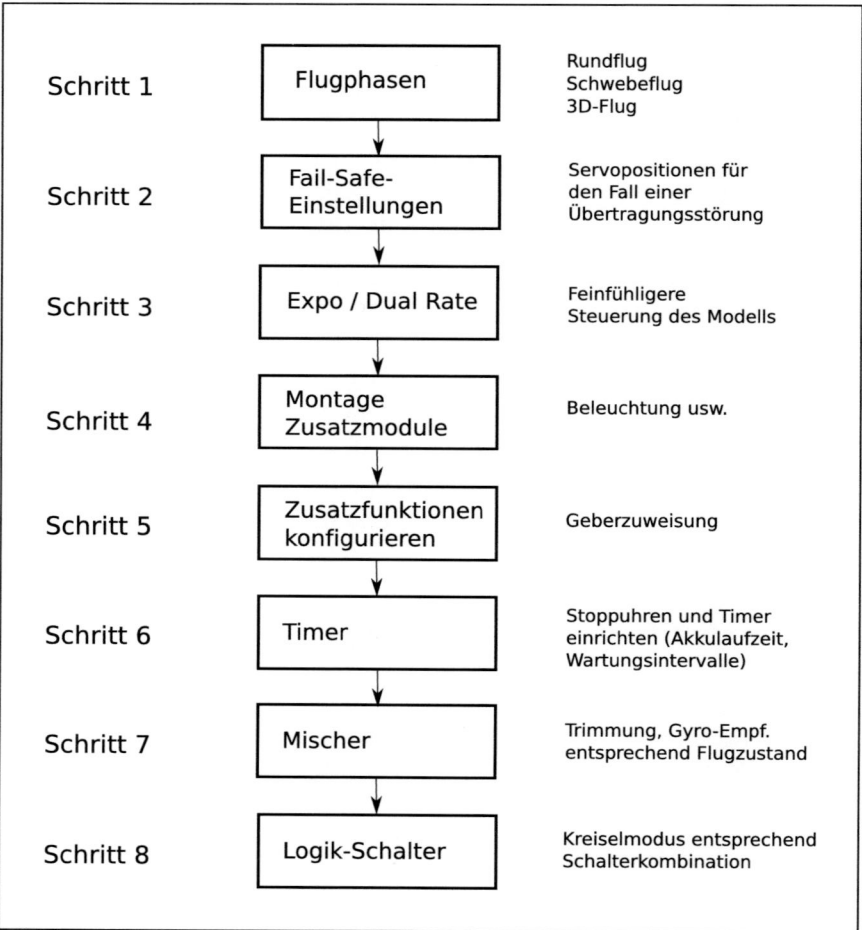

Schritt 1	Flugphasen	Rundflug Schwebeflug 3D-Flug
Schritt 2	Fail-Safe- Einstellungen	Servopositionen für den Fall einer Übertragungsstörung
Schritt 3	Expo / Dual Rate	Feinfühligere Steuerung des Modells
Schritt 4	Montage Zusatzmodule	Beleuchtung usw.
Schritt 5	Zusatzfunktionen konfigurieren	Geberzuweisung
Schritt 6	Timer	Stoppuhren und Timer einrichten (Akkulaufzeit, Wartungsintervalle)
Schritt 7	Mischer	Trimmung, Gyro-Empf. entsprechend Flugzustand
Schritt 8	Logik-Schalter	Kreiselmodus entsprechend Schalterkombination

Abb. 2.5: Erweiterte Einstellungen: Für alle Einstellungen sind Beispiele angegeben. Die Reihenfolge der Schritte ist nicht zwingend.

- *3D-Flug*: Symmetrische Pitchkurven, damit sich der Heli im Normal- und Rückenflug identisch verhält.

Wenn der Sender es erlaubt, sollten Sie geeignete Verzögerungswerte einstellen, damit der Übergang von einer Flugphase in die nächste sanft erfolgt.

2. *Fail-Safe-Einstellungen*: Sollte es trotz aller Vorsichtsmaßnahmen wie Reichweitentest und korrekter Auslegung der Antennen zu einem Abbruch der Funkverbindung zwischen Sender und Empfänger kommen, können geeignete Fail-Safe-Einstellungen größeren Schaden möglicherweise verhindern. Bei Abbruch oder schlechter Signalqualität kann der Empfänger auf die bei ihm zwischengespeicherten Werte (z. B. Motorkanal auf Null) zurückgreifen. Der Empfänger muss die Speicherung von Fail-Safe-Werten erlauben.

   Je nach Hersteller kann es erforderlich sein, dass Sie die Fail-Safe-Einstellungen bereits bei der Kopplung vornehmen (z. B. kann die Knüppelposition während der Kopplung als Vorgabe dienen) müssen.

3. *Expo* und *Dual Rate*: Um die Steuerung des Modells um die Knüppelmittelstellung sensibler zu machen, können Sie der Nick- und Roll-Kurve einen exponentiellen Verlauf geben. Diese Kurvenform führt dazu, dass Roll- und Nick-Knüppelbewegungen nahe der Mittelstellung nur zu kleinen Servoausschlägen führen (**Kapitel 9**).

   Wenn Sie zusätzlich noch DR (Dual Rate) verwenden, wird der gesamte Servoweg linear gestaucht oder gestreckt. So können Sie beispielsweise verhindern, dass Sie versehentlich zu große Steuerbewegungen durchführen.

4. *Ansteuerung der Zusatzfunktionen*: Wenn der Sender so eingerichtet ist, dass sich das Modell angenehm steuern lässt, können Sie Zusatzmodule, die nicht notwendigerweise für dessen Betrieb gebraucht werden, am Hubschrauber anbringen bzw. mit dem Empfänger verbinden. Diese möglichen Zusatzfunktionen können Sie über entsprechende Geberzuweisungen im Sender programmieren. Dazu zählt beispielsweise das Einziehen eines Fahrwerks, eine Kameraauslösung, eine Seilwindenansteuerung oder das Einschalten einer Beleuchtung.

5. *Timer und Stoppuhren*: Der Sender sollte die Flugzeit im Auge behalten und Sie rechtzeitig warnen, bevor der Akku leer ist. Damit der Sender erkennen kann, dass der Heli fliegt und während der Flugphasen einen voreingestellten Timer runterzählt, können Sie Start und Stopp des Timers je nach Sender an einen Kanalausgang oder eine Schalterstellung koppeln. Viele Sender verfügen über mehrere Timer und Stoppuhren, so dass hiermit die Gesamtflugzeit gemessen werden kann und Sie dadurch fällige Wartungsintervalle nicht verpassen.

6. *Mischer*: Verwenden Sie Mischer, wenn Sie gewisse Funktionen über Geber oder andere Kanäle beeinflussen wollen. Das kann eine Trimm-

funktion sein, die Sie über einen Drehgeber steuern oder auch eine
Erweiterung für sanftere Starts und Landungen. Ebenso können Sie
die Heckgyro-Empfindlichkeit abhängig vom Pitchkanal beeinflussen,
um beispielsweise bei schnellem Vorwärtsflug die Empfindlichkeit zu
reduzieren. Der Einsatz von Mischern ist fast grenzenlos. Mehr zu
diesem Thema findet sich in **Kapitel 10**.

7. *Logik-Schalter*: Sollen bestimmte Kombinationen von Schalterstellungen gewisse Aktionen bewirken, so können Sie diese Verknüpfungen
   über Logik-Schalter realisieren. Eine bestimmte Schalterkombinati-
   on kann beispielsweise bedeuten, dass Sie sich im Schwebeflug befinden, in welchem Sie möglicherweise den Heading-Hold-Modus des
   Heckgyros bevorzugen, während Sie in allen anderen Flugphasen den
   Normal-Modus verwenden möchten. Über Logik-Schalter sind solche
   impliziten Steuerungsvarianten möglich. In **Kapitel 11** werden die
   Logik-Schalter, die nicht jeder Sender zur Verfügung stellt, ausführlich behandelt.

Kapitel 3

Frequenzwahl und Kopplung

3.1 Wahl der Frequenz

Nun halten Sie den neu erworbenen Sender in den Händen wollen natürlich sofort testen, wie sich die Steuerung mit dem neuen Equipment anfühlt. Halt! Damit Sie nicht durch ein unbedachtes Einschalten alle anderen Flugkörper vom Himmel holen und den Einstieg in das Hobby anschließend bei einem entfernteren Verein weiterführen müssen, sollten Sie zunächst in Erfahrung bringen, auf welchem Kanal Sie überhaupt senden dürfen.

Auf jedem Modellflugplatz gilt eine eigene Regelung. Zunächst muss sichergestellt sein, dass der Flugplatz eine Genehmigung für das Frequenzband besitzt, auf dem Sie funken wollen. Wenn Sie auf dem 2,4-GHz-Band senden wollen, müssen Sie sich um Kanaldoppelbelegungen keine Sorgen machen, weil die Funkprotokolle auf diesem Band dafür sorgen sollen, dass Kanalkonflikte während des Betriebs automatisch aufgelöst werden.

Anders verhält es sich auf dem 35-/40-MHz-Band. Es gibt zwei Vorgehensweisen, um die geeignete Frequenz zu finden. Sie können horchen, ob ein benachbarter Pilot nach dem Einschalten Ihres Senders laut aufschreit. In diesem Fall war der von Ihnen verwendete Kanal bereits belegt. Anschließend wird der Kanal wieder frei sein und Sie können ihn getrost verwen-

den. Da Sie dieses ausgeklügelte Verfahren jedoch nicht so häufig anwenden
können, sollten Sie sich an die Flugplatzordnung halten. In dieser ist fest-
gehalten, wie bei der Frequenzwahl vorzugehen ist.

Damit nicht zwei Piloten auf dem gleichen Kanal „unterwegs" sind, gibt es
auf vielen Flugplätzen eine Wand mit vielen Wäscheklammern. Wenn Sie
genauer hinschauen, stellen Sie fest, dass die Wäscheklammern nicht für
hygienebewusste Vereinskameraden zur Verfügung gestellt wurden, sondern
der Verhinderung von Kanalkonflikten dienen: An jeder Klammer befindet
sich eine Kanalnummer! Beabsichtigen Sie, auf einem bestimmten Kanal
zu senden, so prüfen Sie *vor dem Einschalten*, ob eine Klammer mit jener
Kanalnummer noch an der Wand hängt. Nehmen Sie diese Klammer ab
und befestigen Sie diese vorzugsweise an Ihrer Senderantenne.

Auf vielen Flugplätzen werden zusätzlich Frequenzscanner und -tester eingesetzt. Mit diesen Geräten kann bestimmt werden, ob ein Trägersignal auf
einem Frequenzkanal(bereich) anliegt.

3.2   Einsatz von Quarzen

Noch heute finden Sie gelegentlich Sender und Empfänger für das 35-/40-
MHz-Band, deren Funkfrequenz über jeweils einen einzusetzenden Quarz
bestimmt wird. Die beiden nur fingerspitzengroßen Quarze für den Sender
und Empfänger sollten jeweils vom gleichen Hersteller sein. Es ist wichtig,
dass der Empfängerquarz fest eingesteckt wird, damit er im Flug nicht
aufgrund der Vibrationen herausfallen kann.

3.3   Abgleich von Synthesizerkomponenten

Der Einsatz von Quarzen für die Kanalwahl gehört der Vergangenheit an.
Auf dem 35- und 40-MHz-Band werden heute sogenannte *Synthesizer* eingesetzt, mit denen der Funkkanal variabel ist. Auf dem 35-MHz-Band müssen Sie sich allerdings in der Regel für das A- oder B-Band entscheiden.
Mit dem Einsatz von Synthesizern haben Sie die Freiheit, den Kanal im
Rahmen der vom Synthesizer angebotenen Auswahl zu wählen, so dass die
einzusetzenden Quarze entfallen.

Bei der *mx-16s* ist das Sicherheitskonzept so umgesetzt worden, dass der
Benutzer nach dem Einschalten explizit aufgefordert wird, das HF-Modul
zu aktivieren (Abb. 3.1).

Abb. 3.1: Nach dem Einschalten der mx-16s wird auf dem Display der gewählte Kanal (hier: 65) angezeigt. Erst eine Bestätigung über die Auswahl „Ja" aktiviert das HF-Modul.

Damit auch der Synthesizer-Empfänger „weiß", über welchen Kanal er angesprochen werden soll, muss ihm dieses mitgeteilt werden. Dieser Abgleich passiert beispielsweise, indem der Empfänger bei bereits aktiviertem Sendesignal eingeschaltet und durch Drücken eines Scan-Knopfes zum Scannen der möglichen Kanäle veranlasst wird (z. B. der Empfänger Graupner R16Scan). Der Empfänger erkennt dabei das stärkste Sendersignal und speichert dessen Funkkanal ab.

3.4 Kopplung eines 2,4-GHz-Empfängers

Die Funkprotokolle auf dem 2,4-GHz-Band erfordern eine direkte Kopplung von der Sender- und Empfängerkomponente, weil die Kommunikation in beide Richtungen erfolgt und das Sicherheitskonzept vorsieht, dass nur Signale vom Empfänger interpretiert werden dürfen, die vom richtigen Sender stammen. Diese Kopplung geschieht in der Regel auf gleiche Weise wie die Abstimmung des Funkkanals (vgl. Abschnitt 3.3):

Aktivieren Sie den 2,4-GHz-Sender und stellen Sie anschließend die Stromversorgung für den Empfänger her. Zum Koppeln drücken Sie mit einem kleinen Stift etwas länger einen für die Kopplung vorgesehenen Knopf. Beim Empfänger F6014FS wird die Kopplung mit *EasyLink* bezeichnet (Abb. 3.2). Eine LED auf dem Empfänger wird anschließend anzeigen, ob die Kopplung erfolgreich war. Testen Sie dennoch sicherheitshalber vor einem Betrieb, ob die Kopplung korrekt funktioniert hat, indem Sie einen Servo am Rollkanal anschließen und den Rollknüppel bedienen. Wenn der Servo reagiert, war der Test erfolgreich.

Abb. 3.2: Auf dem 2,4-GHz-Empfänger F6014FS von Robbe/Futaba gibt es einen Knopf mit der Aufschrift „EasyLink". Dieser muss für die Kopplung zwei Sekunden lang gedrückt werden. Zeigt die LED nach etwa einer Sekunde ein Dauergrün an, hat der Empfänger den Sendercode empfangen und kann nun die Signale des Senders entgegennehmen.

Kapitel 4

Steuermodus

4.1   Knüppelfunktionen

Der Steuerknüppelbelegung, d. h. welchem Knüppel welche Funktion zugeordnet ist, kommt eine zentrale Bedeutung zu. Wenn Sie beispielsweise
bereits daran gewöhnt sind, dass sich Heck und Gas über den linken Steuerknüppel steuern lassen, werden Sie sich nicht mehr umgewöhnen wollen
oder können. Wenn Sie in das Hobby Hubschrauber-Modellflug einsteigen,
werden Sie vielleicht in einen Modellflugverein eintreten wollen. Dort wird
man Ihnen praktische Hilfe anbieten. In jedem Fall kann es von Vorteil sein,
wenn Sie die gleiche Steueranordnung wie Ihre Vereinsgenossen wählen. Auf
diese Weise können Sie Ihr Modell von anderen einfliegen lassen und auch
ein Lehrer-Schüler-Training (Kapitel 12) wird dadurch einfacher.

4.2   Einstellbare Modi

Es gibt vier übliche Steuermodi. Modellhubschrauber werden meist im **Modus 2** geflogen, weil dies dem manntragenden Vorbild am nächsten kommt.
Dabei liegen Nick- und Roll-Funktion auf dem rechten Steuerknüppel, Pitch
und Heck dagegen auf dem linken. Beim manntragenden Hubschrauber
(beispielsweise der Bell 206L (Abb. 4.1)) verhält es sich ähnlich: Der Pilot
hat einen großen Steuerknüppel für Nick und Roll, den er mit einer Hand
steuert (Abb. 4.2). Daneben befindet sich ein Hebel, der an eine Handbremse beim Auto erinnert (Abb. 4.3). Über diese „Handbremse" steuert
der Pilot den Pitch. Über eine Drehbewegung an diesem Hebel (Throt-
tle) kann er zusätzlich die Rotordrehzahl beeinflussen. Nun fehlt noch die
Steuerung der Hochachse, die über zwei Fußpedale realisiert wird. Viele
andere Funktionen, für die ein Hubschrauber üblicherweise eingesetzt wird
(Lastentransport über Seilwinden, Kamerasteuerung), kann der Pilot über
kleine Zusatz-Buttons und Steuerknüppel auf Nick-, Roll- und Pitch-Hebel
steuern.

Der Steuermodus 2 ist aufgrund seiner Vorbildfunktion in Deutschland sehr
verbreitet. Häufig wird jedoch auch im **Modus 1** geflogen, bei dem Nick
und Heck auf dem linken Knüppel liegen, während Gas und Roll auf dem
rechten Knüppel liegen. Viele Umsteiger, die zuvor Flächenmodelle geflogen haben, bevorzugen diese Steueranordnung. Auch außerhalb Deutsch-
lands ist der Modus 1 populärer, so dass viele Sender, die den preiswerten
Fertigmodell-Importen beiliegen, standardmäßig auf Modus 1 eingestellt
sind.

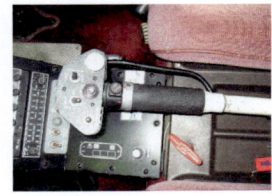

Abb. 4.1: Manntragen-
der Hubschrauber Bell
206L

Abb. 4.2: Nick-Roll-
Steuerknüppel in der
Bell 206L

Abb. 4.3: Pitchhebel in
der Bell 206L

Der **Modus 3** unterscheidet sich vom Modus 1 dadurch, dass Heck- und Rollfunktion vertauscht sind. Beim **Modus 4** ist es so, als ob Sie lediglich die Steuerknüppel eines Modus-1-Senders vertauscht hätten. Es gibt nur wenige Piloten, die im Modus 3 oder 4 fliegen. Eine Übersicht über die verschiedenen Modi ist in Abb. 4.4 dargestellt.

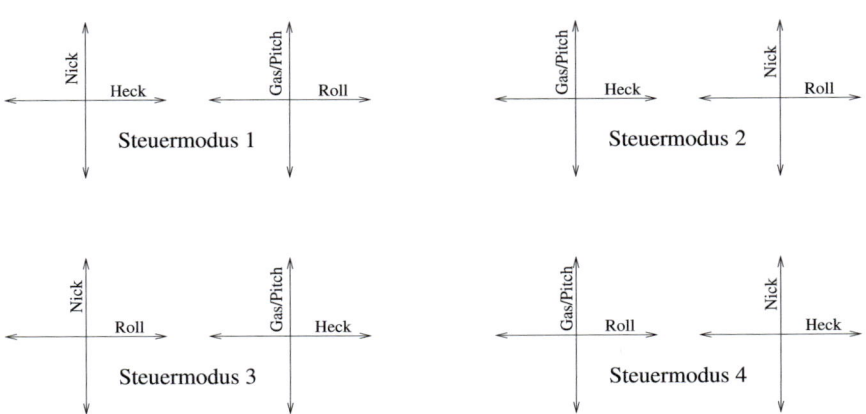

Abb. 4.4: Gegenüberstellung der Steuermodi

Was macht nun einen Steuermodus aus? Da ist einerseits die Mechanik: Beim Gas-/Pitchknüppel möchten Sie eine Raste haben, aber der Knüppel soll nicht in die Nullposition zurückfedern. Andererseits muss die Elektronik

die Belegung der Knüppel „kennen", um die richtigen Ausgangssignale zu
generieren und mögliche Mischer korrekt anzusteuern.

Der mechanische Umbau ist in der Regel bei jedem Sender möglich. Es
gibt Sender, die Sie dazu nicht einmal öffnen müssen. Stattdessen lässt
sich bei diesen Sendern die Mechanik über Schrauben und Schieberegler
auf der Rückseite einstellen. Leider ist das die Ausnahme, so dass meist
etwas chirurgisches Geschick nötig ist, um die Raste und die Rückstellfedern
umzusetzen (Abb. 4.5).

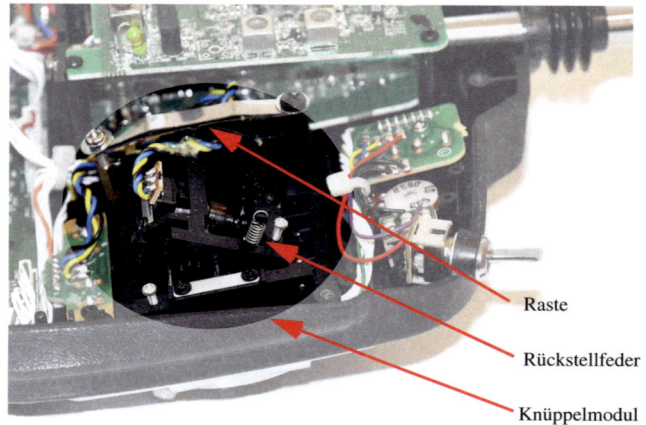

Abb. 4.5: Steuerknüppelmodul im Inneren der Graupner mx-16s

Beim elektronischen Teil der Konfiguration trennt sich die Spreu vom Wei-
zen: Billige Importprodukte bieten manchmal gar keine Möglichkeit, den
Steuermodus zu ändern. In einigen Fällen lässt sich der Modus allerdings
durch Umstecken oder Umlöten von Kabeln ändern. Wer jedoch einen modernen Computersender erworben hat, kann den Modus über das Sendermenü einstellen. Jedoch gehen die Entwickler auch hier unterschiedliche
Wege: Bei einigen Sendern wirkt ein einmal eingestellter Steuermodus auf
alle konfigurierten Modelle, während andere Sender den Steuermodus modellabhängig konfigurierbar machen.

4.3 Einstellung des Steuermodus bei der Graupner mx-16s

Bei der mx-16s ist der Steuermodus modellabhängig. Wenn Sie ein Modell eingerichtet haben, so finden Sie die Konfiguration des Steuermodus unter den Grundeinstellungen (Abb. 4.6). Im deutschen Menü wird die Einstellung mit *Steueranord* abgekürzt.

Abb. 4.6: Die Einstellung des Steuermodus geschieht bei der Graupner mx-16s modellabhängig.

4.4 Einstellung des Steuermodus bei der Futaba FF-10

Ein eingestellter Steuermodus wirkt bei der FF-10 auf jedes Modell. Daher ist die Konfiguration aus der Modellkonfiguration herausgelöst und findet sich in den globalen Einstellungen des Senders wieder. Um diese globalen Einstellungen vorzunehmen, müssen Sie beim Einschalten des Senders die beiden Tasten *Mode* und *End* gleichzeitig gedrückt halten. Daraufhin werden die Einstellungen angezeigt, die global für den Sender gelten (Abb. 4.7) und dort auch geändert werden können.

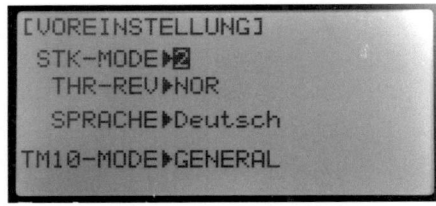

Abb. 4.7: Bei der Futaba FF-10 gilt der Steuermodus global für alle eingestellten Modelle und ist daher im globalen Sendermenü konfigurierbar.

Der Steuermodus ist als *STK-Mode* abgekürzt. Die anderen Einstellungen beziehen sich auf die Wirkrichtung des Gasknüppels (*THR-Rev*), die Sprache und die länderspezifischen Funkparameter (*TM10-Mode*). Ist dieses Menü eingeblendet, so leuchtet nur die rote LED am Sender, da nicht gesendet wird.

Kapitel 5

Geberzuweisung

5.1 Die Geber eines Senders

Als Geber seien an dieser Stelle alle Bedienelemente des Senders bezeichnet, mit denen Steuerfunktionen beeinflusst werden. Die Bedienelemente für die Programmierung bzw. Konfiguration werden in diesem Abschnitt nicht betrachtet.

Die ersten Sender für die Steuerung von Flächenmodellen besaßen nur die zwei Steuerknüppel und einen Ein-/Ausschalter. Einfach konstruierte Hubschrauber wie beispielsweise der LMH Corona lassen sich auch heute noch mit diesen Sendern betreiben. Allerdings fordert die Komplexität heutiger Modellhubschrauber in der Regel wesentlich mehr von einem Sender. Anfangs hat man viele Mischfunktionen mechanisch realisiert, heute wird dies elektronisch vom Sender erledigt. Außerdem möchte man als Pilot viele Einstellungen im Flug ändern können (z. B. die Empfindlichkeit des Heckgyros), so dass moderne Computersender mit einer ganzen Batterie an Gebern ausgerüstet sind. Man unterscheidet folgende Gebertypen:

- *Drehgeber und Schieber*: Hiermit lässt sich ein genau definiertes Ausgangssignal auf einen Kanal legen. Sie bieten sich an, wenn dieses Signal in größeren sanften Sprüngen schnell verändert werden soll. Ein langsames Hochfahren des Rotors lässt sich beispielsweise über einen Drehgeber steuern.

- *Schalter*: Mit Schaltern lassen sich Betriebsarten umschalten und Funktionen ein- oder ausschalten. Zweistufige Schalter bieten sich beispielsweise zum Aktivieren der Autorotations-Flugphase an. Dreistufige Schalter erlauben auch die Umschaltung in verschiedene Flugphasen.

- *Taster oder zurückfedernde Hebel*: Diese Bedienelemente wirken nur solange auf den Ausgangskanal, wie sie gedrückt oder gehalten werden. Man kann damit beispielsweise den Lehrer-Schüler-Modus steuern (Kapitel 12). Taster, die in zwei Richtungen betätigt werden können, lassen sich verwenden, um einen bestimmten Wert zu erhöhen oder zu reduzieren. Auf diese Weise lassen sich kleine Anpassungen schnell und unkompliziert vornehmen. Beispielsweise bietet es sich an, die Empfindlichkeit eines Piezzo-Gyros über einen solchen Taster zu steuern, da diese Empfindlichkeit häufig in kleinen Schritten an die aktuellen Temperaturverhältnisse angepasst werden muss.

Wie an dieser Liste erkennbar ist, wirkt ein Geber nicht zwingend nur auf *einen* Ausgangskanal. Manchmal dient er z. B. zur Aktivierung eines Mischers (Kapitel 10) oder als Logik-Schalter (Kapitel 11), so dass indirekt mehrere Kanäle beeinflusst werden.

Die Steuerknüppel werden im Folgenden aus der Betrachtung ausgeklammert, weil die Zuordnung in Kapitel 4 betrachtet wird.

5.2   Sinnvolle Zuordnung der Steuerfunktionen

Die meisten Sender erlauben eine mehr oder weniger freie Zuordnung der Funktionen auf die verfügbaren Geber. Manchmal erfolgt mit der Auswahl eines Modelltyps (Heli oder Fläche) bereits eine Vorkonfiguration. Anhand der Graupner mx-16s und der Futaba FF-10 soll aufgezeigt werden, wie eine sinnvolle Geberzuweisung aussehen kann. Es bleibt jedem Piloten überlassen, ob er eine gleiche oder ähnliche Geberzuweisung vornehmen möchte. Außerdem können die im Modell verbauten Komponenten andere Geberzuweisungen nötig machen (z. B. eine ferngesteuerte Kameraauslösung).

5.2.1 Geberzuweisung an der Graupner mx-16s

Die Zuweisung eines Gebers erfolgt bei der Graupner mx-16s, indem Sie im Menü bei der gewünschten Bedienfunktion die Geberzuweisung anwählen und anschließend den gewünschten Geber betätigen. Dadurch wird die Funktion dem betätigten Geber zugewiesen. Ebenso merkt sich der Sender, in welche Richtung (oder Position bei mehrstufigen Schaltern) der Geber betätigt wurde.

Wird ein neues Modell an der mx-16s angelegt, so sind alle Geber frei, d. h. ohne Funktion. Eine sinnvolle Zuweisung könnte wie in Abb. 5.1 aussehen.

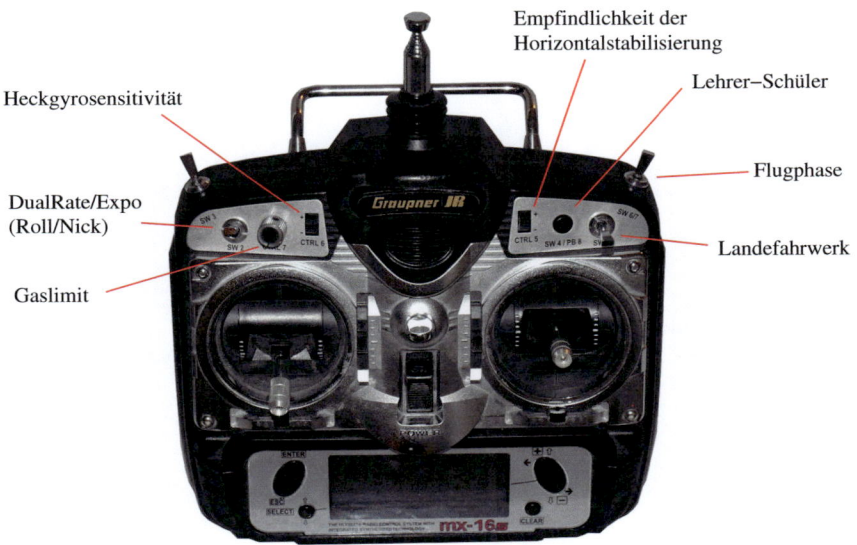

Abb. 5.1: Sinnvolle Geberzuweisung bei der Grauper mx-16s

5.2.2 Geberzuweisung an der Futaba FF-10

Im Gegensatz zur Graupner mx-16s geschieht die Geberzuweisung bei der FF-10 über einen Auswahldialog. Mit dem 3D-Drehknopf können Sie in einer Liste den geeigneten Geber anhand seiner Bezeichnung auswählen. Ebenso ist die Schalterposition über einen Auswahldialog festzulegen.

Nach dem Einrichten eines neuen Heli-Modells sind einige Geber bereits zugewiesen. Beispielsweise wirken die Drehgeber VR(A) auf den Schwebepitch und VR(C) auf das Schwebegas, d. h. die Gas- bzw. Pitchkurven werden in der Knüppelmittelposition je nach Stellung von VR(A) bzw. VR(C) nach oben oder unten gezogen. Das kann etwas verwirrend sein, wenn Sie den Einfluss dieser Regler bei der Programmierung der Gas- und Pitchkurven (Kapitel 7) vergessen. Außerdem sind es viele Piloten gewöhnt, mit den Drehreglern die Empfindlichkeit der Stabilisierungskomponenten einzustellen. Da allerdings zu beiden Seiten des Senders leicht zu erreichende Drehschieber vorhanden sind, ist eine Umkonfiguration nicht unbedingt nötig. Außerdem sind die Programmierer davon ausgegangen, dass Sie über den Schalter H den Lehrer-Schüler-Modus bedienen und über die Schalter E und F die Flugphasen umschalten möchten.

Eine exemplarische Geberzuweisung für die FF-10 ist in Abb. 5.2 illustriert.

Abb. 5.2: Beispielhafte Geberzuweisung bei der Futaba FF-10

Kapitel 6

Taumelscheibentyp

6.1   Taumelscheibe

Die Taumelscheibe ist ein großes Kugellager, welches die drehenden Teile des Rotors von der statischen Ansteuerung trennt (Abb. 6.1).

Abb. 6.1: Links ein Blick in eine geöffnete Taumelscheibe eines LMH 120 Corona, rechts die fertige Taumelscheibe

Die Taumelscheibe ist quasi das Bauteil, über das sich der Hubschrauber definiert. Nur ihr Vorhandensein erlaubt es dem Hubschrauber, die für ihn

typischen Roll- und Nick-Bewegungen auszuführen. Deswegen kommt der
Ansteuerung der Taumelscheibe eine besondere Bedeutung zu.

6.2   Ansteuerung

Rotorkopf und Taumelscheibe bilden eine Allianz. Im Vergleich zu einem
drehzahlgesteuerten Hubschrauber ist für ein pitchgesteuertes Modell, bei
dem neben der Nick- und Roll-Bewegung auch die Anstellung der Rotorblätter kontrolliert werden muss, eine aufwendigere Konstruktion nötig.
Außerdem variieren die Kräfte, die auf die Taumelscheibe wirken, je nach
Gewicht des Modells und des Flugstils. Verschiedene Bauweisen wollen diesen Anforderungen Rechnung tragen.

Die Anzahl der unterstützten Taumelscheibentypen ist von Sender zu Sender unterschiedlich. Die am häufigsten vorkommenden Typen werden von
fast allen modernen Computersendern unterstützt.

6.2.1   Orthogonale Anlenkung mit zwei Servos

Roll- und Nickfunktion werden jeweils über *einen* Servo angesteuert. Die
Ansteuerungshebel an der Taumelscheibe sind orthogonal zueinander angebracht (Abb. 6.2). Ist das Modell pitchgesteuert, d. h. lässt sich die Blattanstellung im Flug regeln, so steuert ein eigener Servo diesen Pitch (meist über
eine Anlenkung durch die Hohlwelle). Pitchänderungen haben keinen direk-
ten Einfluss auf die Höhenposition der Taumelscheibe. Drehzahlgesteuerte
Helis mit diesem Taumelscheibentyp können sogar über Flächenprogramme
im Sender geflogen werden, so dass auch ältere Sender verwendet werden
können, die noch keine expliziten Heli-Programme integriert haben. Der
LMH 120 Corona ist ein solches Beispiel (Abb. 6.3). Er eignet sich aufgrund seiner robusten Konstruktion und der einfachen Senderkonfiguration
ideal für Einsteiger.

Viele Fertigmodelle in der Preisklasse zwischen 100 und 200 Euro besitzen
diese auch oft als *H-1* bezeichnete Ansteuerung.

6.2.2   Entkoppelte Nicksteuerung mit zwei Servos

Bei der HEIM-Mechanik (auch als *H-2*-Anlenkung bezeichnet) wird die
Taumelscheibe über zwei Servos angesteuert, die die Höhe der Taumelscheibe für eine Pitchänderung steuern. Über einen Rollservo wird die Taumelscheibe nach links oder rechts gekippt. Die Nicksteuerung wird durch

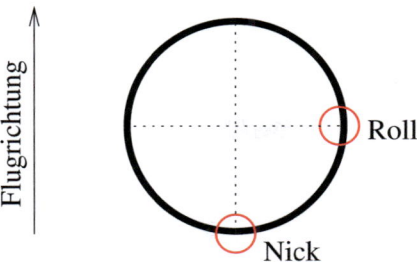

Abb. 6.2: SWH-1: Es gibt einen Nick- und einen Rollservo, die die Taumelscheibe orthogonal zueinander ansteuern. Ein eigener Pitchservo steuert die Blattanstellung und verändert die Position der Taumelscheibe nicht.

Abb. 6.3: Taumelscheibenansteuerung des drehzahlgesteuerten LMH 120 Corona: Steuerung der Nick- und Rollfunktion erfolgt über jeweils einen Servo. Die benutzte Wippe für die Nickanlenkung hat keinen Einfluss auf die Logik der Ansteuerung.

eine mechanische Ausgleichswippe entkoppelt. Dieser Typ ist selten und wird daher an dieser Stelle nicht eingehender betrachtet.

6.2.3 3-Servo-Ansteuerung

Die Ansteuerung über drei Servos finden Sie in verschiedenen Ausprägungen sehr häufig (in einigen Sendern als *H-3* aufgeführt), insbesondere in

den üblichen Bausatz-Modellen in der Preisklasse von 200 bis 2000 Euro.
Bei einer Ansteuerung über drei Servos wird die Taumelscheibe entweder
über zwei Nick- und ein Rollservo oder über zwei Roll- und ein Nickservo angesteuert (Abb. 6.4). Mischfunktionen im Sender stellen sicher, dass
eine Nick- oder Rollbewegung nicht zu einer axialen Verschiebung der Taumelscheibe führt. Eine Höhenverschiebung der Taumelscheibe ist für eine
Pitchänderung notwendig. Um eine solche Pitchänderung zu veranlassen,
sorgen die Nick- und Rollservos gleichermaßen für die Auf- oder Abwärts-
bewegung der Taumelscheibe.

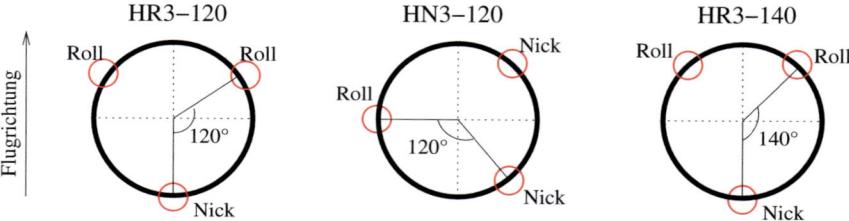

Abb. 6.4: Ansteuerung der Taumelscheibe über drei Servos: Es gibt verschiedene Varianten.

Eine symmetrische 120-Grad-Anordnung der Anlenkhebel wird von allen
bekannten Sendern unterstützt. Es gibt jedoch auch Anlenkungen, bei de-
nen zwischen dem Nick- und den Rollservos jeweils 140 Grad anliegen. Diese
Variante bietet den mechanischen Vorteil, dass bei einer Nicksteuerung alle
Servos den gleichen Weg zurücklegen, ohne dass ein überlagerter Pitchan-
teil über den Mischer eliminiert werden muss. Eco-Helis besitzen sogar eine
Ansteuerung, bei denen zwischen der Roll- und den Nick-Hebeln nur 90
Grad anliegen.

6.2.4   4-Punkt-Ansteuerung

Eine 4-Punkt-Ansteuerung (oft als *H-4* in den Sendermenüs eingetragen)
ist etwas seltener vertreten und findet sich manchmal in größeren und hoch-
preisigeren Modellen. Sowohl für die Nick- als auch für die Roll-Funktion
werden bei eine H-4-Ansteuerung jeweils zwei Servos eingesetzt. Damit ver-
teilen sich die Kräfte auf vier Servos (Abb. 6.6). Eine Einordnung der Servos
als Nick- oder Roll-Servo ist hier kaum möglich, da bei jeder Bewegung stets
alle Servos über die Mischfunktionen angesteuert werden.

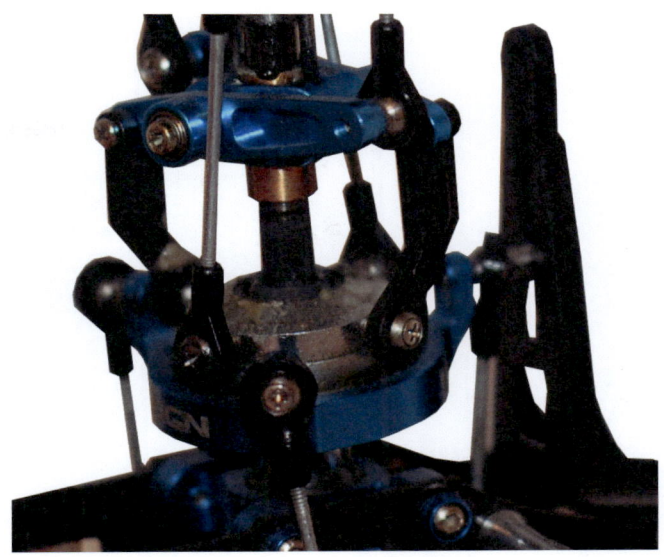

Abb. 6.5: Beim T-Rex 450 werden zwei Roll- und ein Nickservo benutzt.

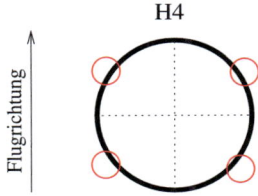

Abb. 6.6: 4-Punkt-Ansteuerung: Vier Servos kontrollieren die Taumelscheibe.

6.2.5 Stabilisierungs- und Rigid-Systeme

Die fortschreitende Miniaturisierung macht es möglich, dass Gyro-Stabilisierungssysteme (Abb. 6.7) mittlerweile in einer Größe und mit einem so geringen Gewicht hergestellt werden können, dass sie für die Stabilisierung eines Modellhubschraubers eingesetzt werden können. Die Stabilisierungselektronik wird zwischen Empfänger und Servos geschaltet. Wird ein Modul für die Horizontalstabilisierung verwendet, übernimmt dieses das Mischen der Nick-, Roll- und Pitchsignale. Das bedeutet, dass am Sender eine H-1-Ansteuerung programmiert werden muss, während das Stabilisierungssystem auf die tatsächliche Taumelscheibensteuerung trainiert werden muss.

Abb. 6.7: Stabilisierungslösungen wie beispielsweise der HeliCommand (links) und der GyroBot (rechts) enthalten nicht nur Sensoren für die Lagestabilisierung, sondern setzen die Pitch-, Nick- und Roll-Kommandos auch in die richtigen Signale für die Taumelscheibenservos um.

Rigid-Systeme, d. h. Hubschrauber mit paddellosen Rotorköpfen, reagieren extrem agil und sind vom Piloten ohne elektronische Hilfsmittel kaum zu beherrschen. Daher wird ein Rigid-System stets mit elektronischer Stabilisierung verwendet. Aus diesem Grund gilt auch hier das oben geschriebene.

6.3 Taumelscheiben-Konfiguration des Senders

6.3.1 Herstellerabhängige Bezeichnungen

Jeder Hersteller verwendet andere Bezeichnungen in seinen Anleitungen und den entsprechenden Menüeinstellungen im Sender. Da die Taumelscheibe im Englischen mit *Swashplate* bezeichnet wird, beginnen viele Abkürzungen mit *SW*, so auch die häufig benutzten Kennzeichnungen der unterschiedlichen Taumelscheibenansteuerungen. In einer Tabelle sollen diese gegenübergestellt werden:

Graupner mx16s	Futaba T10CP (FF-10)
1 Servo	H1/SWH-1
3Sv(2Nick)	HN3
3Sv(2Roll)	HR3
4Sv(90)	H4X/SWH4X

6.3.2   Einrichtung bei der Graupner mx-16s

Bei der Graupner mx-16s befindet sich die Einstellung des Taumelscheiben-typs in den *Grundeinstellungen* unter dem Punkt *Taumelsch* (Abb. 6.8). Die zur Auswahl stehenden Typen sind so abgekürzt, dass Sie anhand der Abkürzung den Typ erahnen können (siehe Abschnitt 6.3.1).

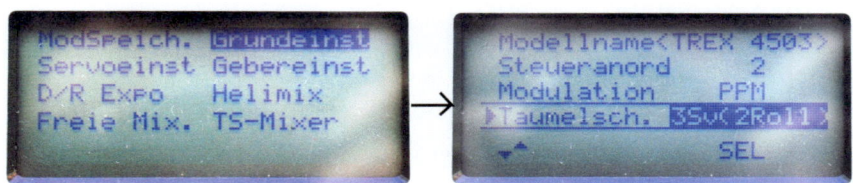

Abb. 6.8: Programmierung der Taumelscheibenansteuerung bei der Graupner mx16s

6.3.3   Einrichtung bei der Futaba FF-10

Um den Taumelscheibentyp bei der Futaba FF-10 einzustellen, müssen Sie zunächst das zweite Fenster des Basic-Menüs auswählen. Dort finden Sie unter *Parameter* die Einstellungen zur Taumelscheibe (Abb. 6.9).

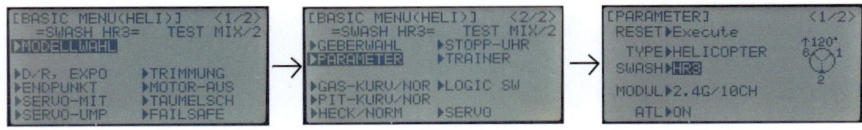

Abb. 6.9: Programmierung der Taumelscheibenansteuerung bei der Futaba FF-10

Die Auswahl des richtigen Typs wird dadurch vereinfacht, dass auf der rechten Seite eine symbolisierte Darstellung der Taumelscheibenanlenkung abgebildet wird. Die Zahlen an den Anlenkungspunkten stehen für die Kanäle (Abb. 6.10).

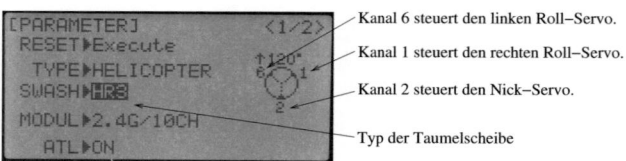

Abb. 6.10: Die Zahlen neben der symbolisiert dargestellten Taumelscheibe stehen für die Kanäle, über die die entsprechenden Servos bei der ausgewählten Taumelscheibe angesteuert werden.

Die Einstellungen im Taumelscheiben-Menü sind grundlegend: Ändern Sie eine Einstellung, so erscheint anschließend ein blinkender Knopf im Display, der Sie dazu auffordert, den Push-Button zwei Sekunden lang zu drücken. Um Fehlbedienung auszuschließen, wird daraufhin eine Abfrage „Are you sure?" eingeblendet. Wenn Sie nun erneut den Push-Button drücken, werden die von Ihnen getätigten Einstellungen übernommen.

Kapitel 7

Flugphasen, Gas- und Pitchkurven

7.1 Wozu benötigt man Gas- und Pitchkurven?

Damit ein Hubschrauber abheben kann, müssen zwei Grundvoraussetzungen erfüllt sein: Sowohl die *Rotordrehzahl* als auch die Blattanstellung (*Pitch*) des Hauptrotors müssen groß genug sein, damit ein ausreichender Auftrieb erzeugt wird, der den Hubschrauber zum Schweben bringt.

Diese beiden Parameter hängen voneinander ab: Je kleiner der Pitch, desto höher muss die Rotordrehzahl sein, um den gleichen Auftrieb zu erzeugen. Das gilt natürlich auch in umgekehrter Richtung: Bei einem großen Pitch darf die Drehzahl etwas kleiner sein. Dabei handelt es sich keineswegs um eine lineare Abhängigkeit. Außerdem sind gewisse Wertebereiche einzuhalten:

- Ist der Pitch zu groß, kommt es zum Strömungsabriss. Diesen müssten Sie mit einer erhöhten Rotordrehzahl verhindern. Ab einem bestimmten Pitchwert wäre auch dieses nicht mehr möglich.

- Ist der Pitch zu klein, so lässt sich auch mit einer sehr hohen Rotordrehzahl kein genügend großer Auftrieb erzeugen. Auch zu schnell drehende Rotorblätter können einen Strömungsabriss verursachen.

- Wenn der Heckrotor nicht von einem eigenen Motor angetrieben wird, hängt die Drehzahl des Heckrotors von der des Hauptrotors ab. Ist die Drehzahl des Heckrotors nicht ausreichend groß, so kann das Heck das Drehmoment des Hauptrotors nicht ausgleichen, so dass es nach dem Abheben zu einer ungewollten Drehbewegung um die Hochachse kommt.

- Konstruktionsbedingte Limits beschränken sowohl die erlaubte Drehzahl als auch den möglichen Pitchbereich.

Gas- und Pitchkurven beschreiben, bei welcher Knüppelposition welcher Ausgangswert auf dem Gas- bzw. Pitchkanal anliegen soll. Man kann diese Kurven daher anschaulich in Diagrammen darstellen. Dabei sollten Sie sich jedoch darüber bewusst sein, dass es sich um Kanalausgangswerte handelt. Die tatsächliche *Einheit* des Ausgangswertes ist aber vom Wertetyp abhängig: Liegt ein Gas-Kanalausgangswert von 100 % an, so wird der Regler mit 100 % angesteuert. Ist es jedoch der Ausgangswert der Pitchkurve, so muss dieser Wert als Winkel interpretiert werden. Beispielsweise könnte ein Kanalausgangswert von 100 % mechanisch in einen Pitch von +9 Grad umgesetzt werden. Die Wirkung der Pitchkurve ist daher in besonderem Maße von der mechanischen Konfiguration abhängig (Servomittelposition, Länge der Servohebel usw.). Da Gas- und Pitchkurven häufig in einem Diagramm zusammengefasst werden, sollten Sie dies nicht vergessen und auch wissen, dass es nicht *die* ideale Pitch- oder Gaskurve für ein Modell gibt. Stattdessen müssen beide Kurven auf die verwendeten Komponenten (Regler, Servo) und deren elektronischer bzw. mechanischer Konfiguration angepasst werden. Wenn der Regler beispielsweise im Governor-Modus betrieben wird, ist die Gaskurve eine Konstante.

Wenn Sie auch ein Modul für die *Horizontalstabilisierung* verwenden, so werden Sie sich vielleicht jetzt gefragt haben, welche Auswirkung dies auf die Konfiguration der Gas- und Pitchkurven hat. Sie können sich beruhigt zurücklehnen, denn die Verwendung dieser Stabilisierungslösungen führen zu keinem zusätzlichen Aufwand, denn die Pitchwerte am Empfänger werden vom Stabilisierungsmodul nur zur Ansteuerung der Taumelscheibenservos verwendet (Abb. 7.1). Es gilt also unabhängig vom Einsatz einer Stabilisierungslösung das unten geschriebene.

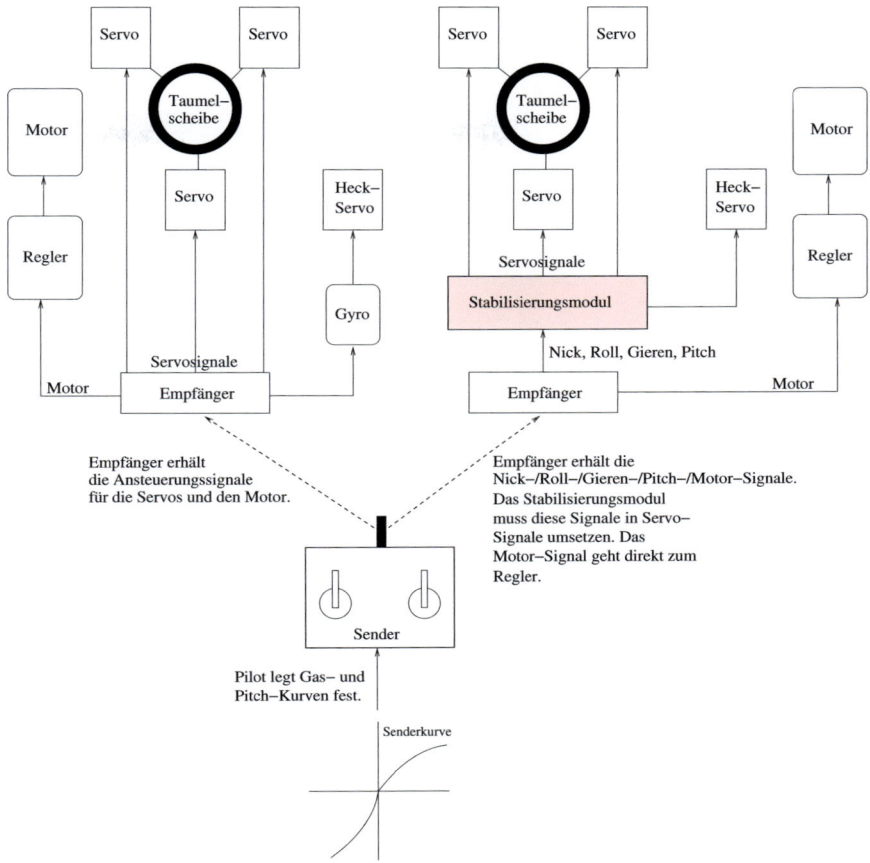

Abb. 7.1: Links ist eine Verschaltung ohne Stabilisierungsmodul dargestellt, rechts eine Verschaltung mit Stabilisierungsmodul. Ein solches Modul setzt die Signale für Pitch, Nick, Roll, Gieren in Steuersignale für die Servos um. Der Gaswert wird in jedem Fall direkt vom Empfänger zum Regler geleitet.

7.2 Einstellung der Gas- und Pitchkurven am Sender

Bei jedem Sender werden die Gas- und Pitchkurven anders eingestellt. Die heutigen Sender verwenden jedoch in der Regel eine grafische Darstellung,

wie sie in den folgenden Kapiteln auch benutzt wird (Abb. 7.2), so dass
eine visuelle Kontrolle während der Programmierung möglich ist.

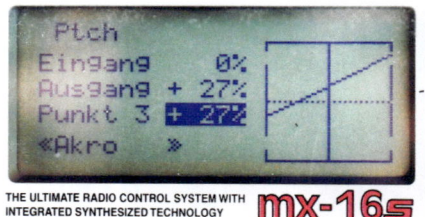 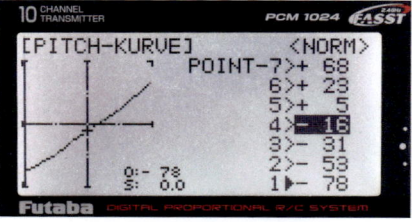

Abb. 7.2: Bei der Graupner mx-16s (links) und der Futaba FF-10 (rechts)
werden die Gas- und Pitchkurven grafisch angezeigt.

In den nächsten Abschnitten wird die Programmierung anhand der Graupner mx-16s und der Futaba FF-10 beschrieben.

7.2.1 Programmierung bei der mx-16s

Bei der *Graupner mx-16s* müssen Sie zur Programmierung der Gas- oder
Pitchkurve über das Hauptmenü in den Unterpunkt *Helimix* wechseln. Dort
finden Sie die Menüeinträge *Ptch* für die Pitchkurve, *K1 -> Gas* für die
Gaskurve und *K1 -> Heck* für die Heckbeimischung. Die Heckbeimischung
wird hier nicht weiter betrachtet, denn sie sollte nicht verwendet werden
(Nullkurve), wenn ein Heckgyro für die Heckstabilisierung eingesetzt wird –
dies dürfte heute der Normalfall sein. Die Einträge im Menü hängen von
der Stellung des Flugphasen-Gebers ab (vgl. Abschnitt 7.3 für eine Erklä-
rung der Flugphasen). In der Autorotations-Flugphase können Sie keine
Gaskurve konfigurieren.

Wenn Sie nun die Einstellung einer Kurve anwählen, so können Sie bis zu
fünf Stützpunkte definieren, über die die Kurve gelegt wird. Mit dem Gas-
Steuerknüppel wählen Sie den Stützpunkt auf der horizontalen Achse an,
mit den Plus- und Minus-Tasten verschieben Sie den Ausgangswert auf der
senkrechten Achse. Möchten Sie einen Punkt wieder löschen, so können Sie
ihn über die Clear-Taste deaktivieren.

Haben Sie verschiedene Flugphasen definiert, so bestimmt die Stellung des
Flugphasengebers, für welche Flugphase die Kurve geändert wird. Eine
Umschaltung in eine andere Flugphase wirkt sich sofort auf die Anzeige
aus. Änderungen an den Kurven werden ebenso sofort gespeichert; ein Ab-

bruch ohne Übernahme der Konfiguration, wie Sie ihn vielleicht aus der Computerbedienung kennen, kennt die mx-16s nicht.

7.2.2 Programmierung bei der FF-10

Die Konfiguration der Kurven ist auf zwei Menüstrukturen verteilt. Benutzen Sie keine Flugphasen (siehe Abschnitt 7.3), so können Sie im Standard-Menü den Punkt *Gas-Kurv/Nor* bzw. *Pit-Kurv/Nor* anwählen. Damit konfigurieren Sie die Gas- und Pitchkurven der Normal-Flugphase.

Verwenden Sie jedoch verschiedene Flugphasen, so müssen Sie über den Menüeintrag *Gas-Kurve* bzw. *Pit-Kurve* im Advanced-Menü die Kurven für die verwendeten Flugphasen vorgeben.

Bei der Programmierung der Futaba FF-10 ist das Konzept ähnlich der Graupner mx-16s, auch hier wird die jeweilige Gas- oder Pitchkurve grafisch angezeigt. Mit dem Gas-Steuerknüppel wählen Sie den zu ändernden Stützpunkt an, während Sie mit dem Drehrad dessen Ausgabewerte festlegen können. Während die Stützpunkte bei vielen Sendern äquidistant über den Steuerknüppelbereich verteilt sind, können Sie bei der FF-10 die horizontale Lage eines jeden Stützpunktes über den *stk*-Wert festlegen, wenn Sie die Kurvendefinition über das Advanced-Menü ausgewählt haben. Damit haben Sie größtmögliche Freiheiten, die Kurve trotz einer limitierten Anzahl von Stützstellen frei nach Ihren Vorlieben zu definieren (Abb. 7.3).

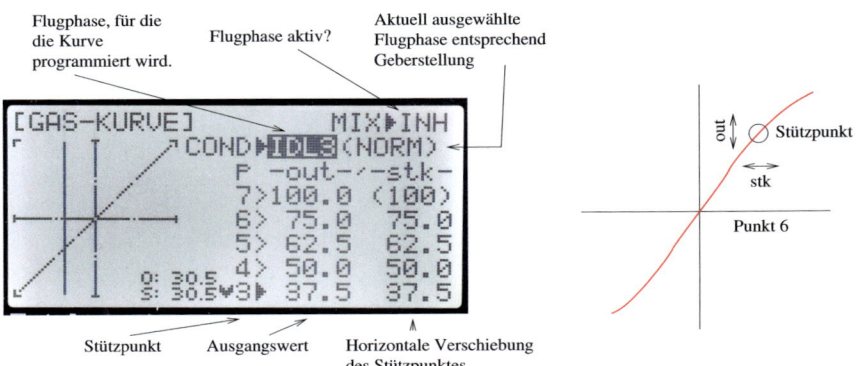

Abb. 7.3: Bei der FF-10 können Sie die Gas- und Pitchkurven sehr frei konfigurieren, da die Stützpunkte auch horizontal verschiebbar sind.

7.3   Flugphasen

Computersender erlauben die Definition von *Flugphasen*, in die Sie während des Fluges umschalten können. Jeder Flugphase können Sie eine eigene Kombination aus Gas- und Pitchkurve zuweisen. Während Sie beim Normalflug beispielsweise auf negativen Pitch verzichten können, benötigen Sie diesen, um Rückenflugfiguren in einer 3D-Flugphase durchzuführen.

In vielen Anleitungen finden Sie folgende Flugphasenbezeichnungen:

- *Normal*: Einige Hersteller bezeichnen hiermit die Default-Kurven des Senders, die üblicherweise einen linearen Verlauf über den gesamten Wertebereich haben. Diese Kurven eignen sich, um bestimmte Einstellungen an der Hardware (beispielsweise die Programmierung des Reglers) vorzunehmen, aber nur bedingt für die Ansteuerung eines Hubschraubermodells. Andere Hersteller bezeichnen mit der *Normal*-Flugphase die Flugphase, in der die Kurven so eingerichtet sind, dass sich das Modell „normal" steuern lässt, aber keine akrobatischen Manöver möglich sind. Wenn keine andere Flugphase aktiviert wurde, ist stets die Normal-Flugphase eingestellt. Natürlich lässt sich die Normal-Flugphase über Gas- und Pitch-Kurven so einstellen, dass damit auch ein akrobatischer 3D-Flug möglich ist.

- *IDL 1 bzw. Gasvorwahl 1*: Diese Flugphase ist für den *Schwebeflug* gedacht. Die Rotordrehzahl sollte nicht zu hoch sein, damit das Modell leicht und sanft steuerbar ist.

- *IDL 2 bzw. Gasvorwahl 2*: Dies ist die Flugphase für den *Rundflug*. Die Motorleistung soll einen aggressiveren Flugstil ermöglichen, d. h. kraftvolle Starts und schnelle Vorwärtsbewegungen.

- *IDL 3 bzw. Acro-3D*: Diese Flugphase ist für 3D-Figuren gedacht. Die in dieser Flugphase eingestellte Gas- und Pitchkurve ermöglicht den (beabsichtigten) Rückenflug, der Bestandteil vieler akrobatischer Figuren darstellt.

In den folgenden Abschnitten wird nur zwischen zwei Flugphasen unterschieden: Wenn von der „Normal"-Flugphase gesprochen wird, ist damit ein einsteigerfreundlicher Kompromiss zwischen Normal, IDL 1 und IDL 2 gemeint. Die andere vorgestellte Flugphase ist die 3D-Phase, die einige Piloten niemals ausprobieren, andere jedoch ungewollt bereits in den ersten Minuten nach Inbetriebnahme des Modells.

Es soll an dieser Stelle nicht unerwähnt bleiben, dass eine Flugphase nicht nur aus der Zuweisung einer individuellen Gas- und Pitchkurven-Definition besteht. Je nach Sendermodell können auch Geberzuweisungen und andere Eigenschaften pro Flugphase definiert werden.

Für die Definition von Flugphasen gehen die Hersteller unterschiedliche Wege. Anhand der Sender Graupner mx-16s und Futaba FF-10 soll dies beispielhaft beschrieben werden.

7.3.1   Flugphasen bei der mx-16s

Die erste Flugphase trägt immer den Namen *Normal*. Dieser Name ist fest einprogrammiert und lässt sich nicht ändern. Wenn Sie das Einstellungsmenü aufrufen und *Grundeinstellungen* auswählen, finden Sie dort die Unterpunkte *Phase 2* und *Autorotation*: Durch Zuweisung eines Schalters können Sie diese Flugphasen aktivieren. Die Zuweisung geschieht durch Betätigung des Schalters bzw. Gebers, nachdem Sie mit den Plus- und Minus-Tasten das Schaltersymbol in der unteren Zeile selektiert haben. Bei der Zuweisung ist auf die Schalterstellung zu achten. Die Autorotations-Flugphase und die anderen Flugphasen können sowohl über den gleichen als auch über unterschiedliche Geber aktiviert werden. Im letzten Fall hat die Autorotations-Flugphase die höhere Priorität. Wollen Sie einen einzigen Geber für alle drei Flugphasen verwenden, so bietet sich ein dreistufiger Schalter wie z. B. der SW6/7 an (der dreistufige Geber SW6/7 auf der rechten Seite des Senders steht für Schalter 6 und 7). Außerdem können Sie über die Selektion von *SEL* der Phase 2 einen eigenen Namen zuweisen, zur Verfügung stehen die Namen *Test, Schwebe, Akro, Akro 3D* und *Speed* (Abb. 7.4).

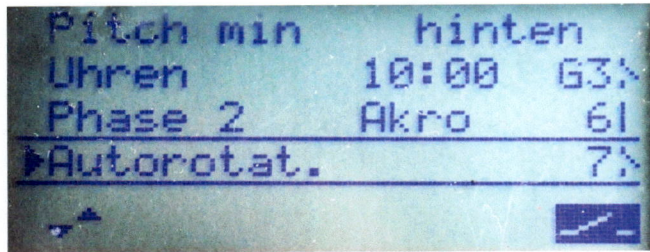

Abb. 7.4: Flugphasen bei der mx-16s: Die Phase 2 wurde als „Akro" bezeichnet und ist über die Mittelstellung des Schalters 6 aktivierbar. Ziehen Sie den Geber Richtung Piloten, so wird die Autorotation aktiviert. Die Schalter 6 und 7 liegen auf dem gleichen Geber.

7.3.2 Flugphasen bei der FF-10

Alle flugphasenspezifischen Einstellungen befinden sich bei der FF-10 im Advanced-Menü. Konsequenterweise ist auch die Aktivierung und die Zuweisung der Geber für die Flugphasen dort zu finden. In der Default-Konfiguration ohne Definition weiterer Flugphasen fliegen Sie stets in der als *Normal* in der FF-10 bezeichneten Flugphase. Sie können natürlich auch 3D-Kurven für die Normal-Flugphase einstellen und damit den gesamten Flug durchführen. Mit zusätzlichen Flugphasen haben Sie jedoch weitere Freiheiten.

Über den Eintrag *Condition* gelangen Sie zu einer Einstellungsmaske, in der Sie die Flugphasen individuell aktivieren oder abschalten können sowie einen Geber und dessen Stellung (CENTER, DOWN, UP) zuweisen können (Abb. 7.5).

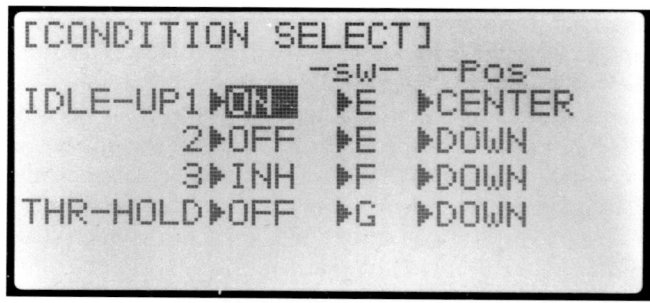

Abb. 7.5: Flugphasen bei der FF-10: Aktivierung und Geberzuweisung

7.4 Fixpitch Hubschrauber

Im Einsteigerbereich, der vor allem mit preiswerten RTF-Modellen besetzt ist, finden sich viele Fixpitch-Hubschrauber. Dabei handelt es sich um Modelle, bei denen der Pitch einmalig mechanisch eingestellt wird und während des gesamten Fluges konstant bleibt. Als Pilot können Sie eine Höhenänderung nur erreichen, wenn Sie die Drehzahl des Rotors verändern.

Ein Vorteil dieser Hubschrauber besteht einerseits darin, dass eine robustere Bauweise möglich und auch die Reparatur besser zu bewerkstelligen ist, weil die Konstruktion des Rotorkopfes weniger komplex ist. Aus diesem Grund genießt der LMH Corona 120 einen legendären Ruf als Einstiegsmodell (Abb. 7.6).

Abb. 7.6: Der LMH Corona 120 ist ein Fixpitch-Hubschrauber, der sich aufgrund seiner robusten Bauweise für den Einstieg in das Hobby eignet.

Ein anderer Vorteil von Fixpitch-Hubschraubern liegt darin, dass sich der Pilot nicht um die Pitchkurven kümmern muss. Wenn Sie ein RTF-Modell gekauft haben, wird der Pitch herstellerseitig so eingestellt worden sein, dass er optimal auf die Eigenschaften des Modells angepasst ist. Außerdem liegen den meisten RTF-Modellen bereits Sender bei, die schon für das Modell eingerichtet wurden, so dass auch die Konfiguration einer Gaskurve entfällt.

Besitzen Sie jedoch kein RTF-Modell mit beiliegendem Sender oder möchten Sie einen eigenen Sender verwenden, müssen Sie unter Beachtung der in Abschnitt 1.3 auf Seite 12 aufgeführten Punkte eine geeignete Gaskurve selbst einprogrammieren.

Nun ist es von Vorteil, dass in der Regel eine lineare Gaskurve, die den Eingangswert (Knüppelposition) auf den gleichen Ausgangswert abbildet, ausreicht (Abb. 7.7). Dies ist bei den handelsüblichen Sendern die Default-Konfiguration, so dass Sie Anpassungen an dieser Kurve nur vornehmen müssen, wenn Sie besondere Flugeigenschaften bewirken wollen.

7.5 Pitchgesteuerte Hubschrauber

7.5.1 Normalflug

Pitchgesteuerte Modelle erlauben sowohl den Normalflug (Schweben und Rundflug) als auch den akrobatischen 3D-Flug (z. B. Rückenlage). Sind Sie Einsteiger, so werden Sie sich aber noch nicht mit dem 3D-Flug befassen und benötigen daher keine verschiedenen Flugphasen. Ihnen wird es rei-

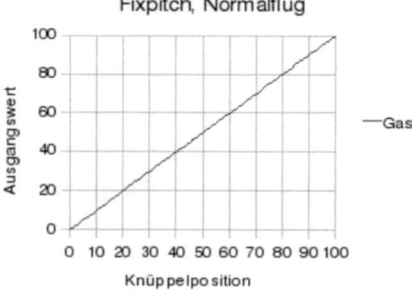

Abb. 7.7: Bei preiswerten Einstiegsmodellen lässt sich eine Höhenänderung nur durch eine Änderung der Rotordrehzahl steuern.

chen, wenn das Modell einen positiven Pitchbereich hat. Schon bei 0 Grad Pitch wird das Modell schnell absinken, so dass Sie als Einsteiger keinen negativen Pitch benötigen.

Normalflug mit Einsteigerparametern

Wenn Sie in das Hobby Modellhubschrauber einsteigen und sich zum ersten Mal an ein pitchgesteuertes Modell heranwagen, sollten Sie zunächst eine Konfiguration vornehmen, die einem drehzahlgesteuerten Modell ähnlich ist. Ein Vorteil dieser Konfiguration besteht darin, dass Sie bei einem abstürzenden Modell den Pitchknüppel auf die Minimalposition stellen müssen, damit der Rotor nicht mehr angetrieben wird. Wenn der Absturz schon unvermeidbar ist, so kann dadurch im günstigen Fall der Totalschaden vermieden werden.

Versetzen Sie den Regler (Motorcontroller) in den *Stellermodus*, sollte dieser noch nicht aktiviert sein. Der Stellermodus ist in der Regel die Default-Konfiguration des Reglers, aber zur Sicherheit sollten Sie in der Anleitung des Reglers nachschauen und gegebenenfalls eine Umkonfiguration des Reglers vornehmen. Im Reglermodus wird das Eingangssignal am Regler direkt in die Motorleistung umgesetzt und es werden von Seiten des Reglers keine weiteren Korrekturen angewendet.

In der Minimalposition des Pitchknüppels soll der Rotor noch nicht drehen (0 % auf dem Gaskanal). In der Mittelposition des Knüppels soll der Hubschrauber oberhalb des Luftkissens, welches durch den Bodeneffekt zustande kommt, schweben. In der Maximalposition soll die Motorleistung so hoch sein, dass der Hubschrauber zügig steigen kann. Normalerweise reicht eine Gaskurve, die linear oder modellspezifisch angepasst von 0 bis 100 % über den gesamten Knüppelweg steigt. In der Anleitung des Hubschraubers finden Sie die Zielwerte für das Gas in den drei Positionen.

Pitchgesteuerter Hubschrauber

Stellermodus, Einsteigerparameter

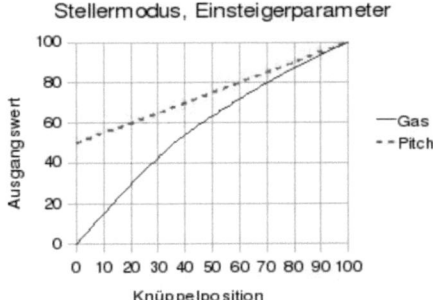

Abb. 7.8: Mit dieser Kombination aus Gas- und Pitchkurve zeigt ein pitchgesteuerter Hubschrauber annähernd das Verhalten eines drehzahlgesteuerten Modells. Daher ist diese Konfiguration eine Übergangslösung für das Erlernen des üblichen pitchgesteuerten Fliegens.

Ebenso finden Sie in der Modellspezifikation Zielwerte für den Pitch. Die Konfiguration der Pitchkurve ist etwas aufwendiger, da sie von der Mechanik abhängt. Im Folgenden sei angenommen, dass das Modell in der Knüppelmittelposition schweben soll und dazu ein Pitch von fünf Grad anliegen muss. Außerdem soll das Modell nur einen positiven Pitchbereich besitzen. Für diese Konfiguration gehen Sie wie folgt vor:

1. Konfigurieren Sie am Sender eine Pitchkurve von 50 % bis 100 % (siehe Abb. 7.8).

2. Schalten Sie den Sender sowie den Empfänger mit angeschlossenen Taumelscheibenservos ein. Stellen Sie den Knüppel auf die Mittelposition.

3. Messen Sie den Pitch und verändern Sie die Anlenkung so, dass der

Zielpitch entsprechend der Modellspezifikation (meist um fünf Grad) anliegt.

4. Bewegen Sie den Pitchknüppel in die Minimal- und Maximalposition. Kommt es hier zum Anschlag der mechanischen Komponenten, so sollten Sie die Ansteuerung anpassen (z. B. anderes Einhängen der Anlenkgestänge).

5. Damit kein negativer Pitch angelegt werden kann und auch der Maximalpitch zur Vermeidung eines aggressiven Flugverhaltens vermieden wird, sollten Sie nun die Pitchkurve am Sender anpassen. Dazu wird in der Regel ein leichtes Anheben des Ausgangswertes an der Minimal- und eine Verringerung des Ausgangswertes an der Maximalposition unter Beibehaltung der Linearität nötig sein. Alternativ kann dies auch durch mechanische Einstellungen erreicht werden.

Eine Kombination aus Gas- und Pitchkurve kann beispielsweise wie in Abb. 7.8 aussehen. Natürlich könnten Sie die Mechanik auch so einrichten, dass die Pitchkurve von 0 bis 100 % verlaufen würde und trotzdem nur positive Blattanstellungen möglich wären. Es ist im Hinblick auf die spätere Konfiguration von 3D-Flugphasen allerdings intuitiver, wenn der Ausgangswertebereich oberhalb von 50 % den gesamten positiven Pitch abbildet.

Pitchgesteuerter Normalflug

Wollen Sie rein pitchgesteuert wie die manntragenden Vorbilder fliegen, bedeutet dies, dass der Rotor schon am Boden vor dem Abheben mit der Zieldrehzahl rotieren soll. Steigt der Pitch über einen modellabhängigen Wert, so führt dies zum Abheben des Modells. Je größer der Absolutwert des Pitches (und damit der Luftwiderstand) ist, desto größer muss die Motorleistung sein, damit die Drehzahl konstant bleibt. Arbeitet der Regler im Stellermodus, muss die Gaskurve mit zunehmendem Pitch ebenso leicht ansteigen.

Eine Kombination aus Gas- und Pitchkurve, wie Sie das eben beschriebene Verhalten bewirken soll, ist in Abb. 7.9 dargestellt. Ein Sanftanlauf, der mittlerweile in jedem Regler implementiert sein sollte, bewirkt beim Einschalten eine sanfte Erhöhung der Motorleistung bis zum konfigurierten Zielwert. Es empfiehlt sich, die Autorotations-Flugphase beim Einschalten zu aktivieren und erst mit ausreichendem Abstand zum Modell in die Normalflugphase mit drehendem Motor zu wechseln!

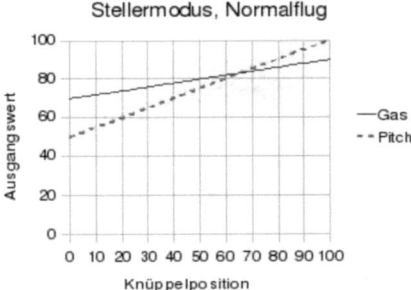

Abb. 7.9: Gas- und Pitchkurven für ein pitchgesteuertes Verhalten, wenn der Regler im Stellermodus betrieben wird

Heutige Regler lassen sich auch im *Governor-Modus* betreiben. In dieser Betriebsart wirkt ein Reglermechanismus, der die Motorleistung so anpasst, dass die Drehzahl des Motors konstant bleibt. Da nicht nur der Pitchwert einen Einfluss auf die Drehzahl hat, ist die Aktivierung dieses Regelmechanismus die bessere Variante zur Sicherstellung einer konstanten Drehzahl. Damit sind Sie von der Erstellung einer geeigneten Gaskurve befreit. Sie müssen lediglich eine konstante Kurve mit einem passenden Zielwert vorgeben. Am besten messen Sie die Drehzahl mit einem geeigneten Drehzahlmesser und passen dementsprechend die Konstante an. Der Sanftanlauf des Reglers vermeidet ein ruckartiges Anlaufen des Rotors.

Für die Konfiguration der Pitchkurve gilt das bereits in Abschnitt 7.5.1 beschriebene Vorgehen.

7.5.2 Pitchgesteuerter 3D-Flug

Im 3D-Flug gibt es viele Figuren, bei denen längere Strecken oder ganze Schwebesequenzen in Rückenlage geflogen werden. Einige Profipiloten verlassen die Rotor-unten-Position nur zu Start und Landung - und selbst das nicht immer, obwohl die Landung in Rückenlage selten beabsichtigt ist.

Es gibt verschiedene Möglichkeiten, die Kurven für den 3D-Flug zu definieren. In diesem Abschnitt soll davon ausgegangen werden, dass in der Knüppelmittelposition 0 Grad anliegen sollen. Bei 60 % Auslenkung des Knüppels soll ein so großer Pitch anliegen, dass das Modell schwebt. Wenn

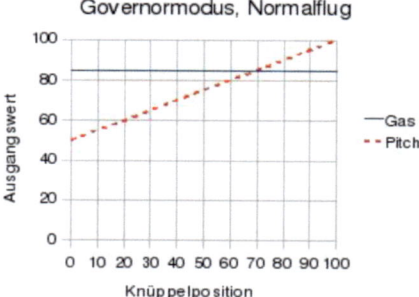

Abb. 7.10: Gas- und Pitchkurven für ein pitchgesteuertes Verhalten, wenn der Regler im Governor-Modus betrieben wird

das Modell auf dem Rücken fliegt, so führen 40 % Auslenkung des Knüppels zum Schweben. Wenn wir weiterhin davon ausgehen, dass ein Ausgangswert von null zu einem mechanischen Pitch von null Grad führt, so lässt sich zunächst eine lineare Pitchkurve von 0 bis 100 % festlegen. Je nach gewünschten Maximal- bzw. Minimalpitches ist diese Pitchkurve natürlich anzupassen.

Arbeitet der Regler im Stellermodus, muss die Gaskurve wieder entsprechend angepasst werden, damit die Drehzahl annähernd konstant bleibt.

Mit diesen Kurven ist es möglich, das Modell nicht nur rasant zu fliegen, sondern auch zu starten und zu landen sowie schöne Rundflüge durchzuführen. Trotzdem sollten Sie überlegen, ob Sie eine eigene Flugphase für den Normalflug definieren, die ein weniger aggressives Steuerverhalten zeigt und durch eine Beschränkung auf den positiven Pitchbereich eine größere Sicherheit darstellt. In diesem Fall müssen Sie eine Flugposition definieren, in der die Umschaltung zwischen 3D- und Normal-Flugphase geschehen soll. In der Regel wird dies die Schwebeposition sein. Wenn Sie festlegen, dass der Schwebezustand bei einer Auslenkung von 60 % des Pitchknüppels eingenommen wird, sollten sowohl in der 3D-Flugphase als auch in der Normal-Flugphase bei dieser Knüppelposition die gleichen Gas- bzw. Pitchwerte anliegen. Damit können Sie in der Schwebeposition beliebig zwischen den beiden Flugphasen hin- und herschalten, ohne dass Ihr Modell zu hüpfen beginnt. Eine Anpassung der Kurven für die Normal-Flugphase ist daher sinnvoll. Eine mögliche Kombination ist in den Diagrammen von

Abb. 7.11 dargestellt. Einige Hersteller haben ihren Sendern sogar einen sanften Übergang mit einer vorgebbaren Dauer spendiert, so dass eine fehlende Übereinstimmung der Kurven nicht so zum Tragen kommt.

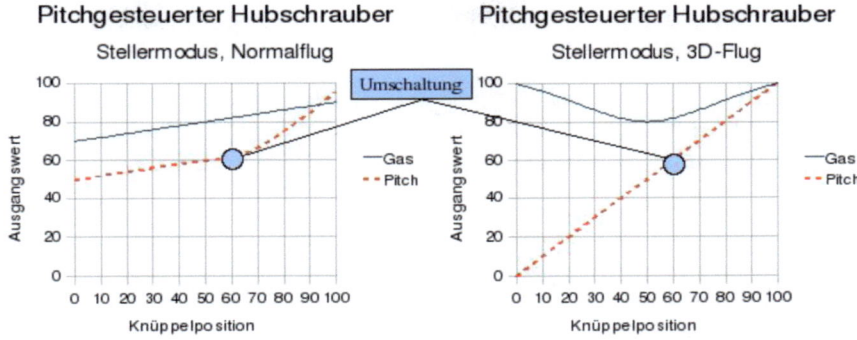

Abb. 7.11: Gas- und Pitchkurven für einen pitchgesteuerten 3D-Flug, wenn der Regler im Stellermodus betrieben wird: Damit ein Umschalten in die 3D-Flugphase möglich ist, müssen an einer festgelegten Knüppelposition die Gas- und Pitchwerte identisch sein! Eine entsprechende Anpassung der Kurven für den Normalflug ist sinnvoll.

Betreiben Sie den Regler im Governor-Modus, ist, wie bereits in den vorangegangenen Abschnitten beschrieben, eine konstante Gaskurve einzustellen.

7.5.3   Autorotation

Die Pitchkurve der Autorotations-Flugphase wird oftmals vergessen, wenn der Sender programmiert wird. Diese Flugphase wird nicht nur bei der Autorotations-Landung verwendet, sondern bevorzugt auch während des Ein- und Abschaltens des Modells, um den Rotorantrieb zu deaktivieren.

Wenn Sie beispielsweise mit der Normal-Flugphase landen und direkt nach dem Absetzen des Modells in die Autorotations-Flugphase schalten, wirkt der für die aktuelle Knüppelposition definierte Pitch der Autorotationsphase. Ist dieser größer als der entsprechende Wert, der in der Normalflugphase festgelegt war, so vollführt der Hubschrauber einen heftigen Hüpfer und wahrscheinlich wegen der Schreckphase des Piloten einen Crash, weil die Rotordrehzahl trotz abgeschaltetem Antrieb noch für derart kreative Figuren ausreicht.

 Auch für eine tatsächliche Autorotationslandung ist eine passende Pitchkurve unabdingbar. Diese muss einen genügend großen negativen Pitch haben, damit die Sinkphase erfolgreich durchlaufen werden kann. Genauso ist aber auch ein ausreichender Maximalpitch wichtig, damit die Autorotationslandung mit einem weichen Abfangen über dem Boden gelingen kann.

Es ist sicherlich nicht falsch, zunächst mit einer Pitchkurve zu beginnen, die identisch mit der Kurve ist, die in der am häufigsten benutzten Flugphase definiert wurde.

Kapitel 8

Reichweitentest

8.1   Sinn eines Reichweitentests

Viele Leser werden noch die kleinen Modellautos aus ihrer Kindheit kennen, die die Steuersignale von einem per Kabel ans Modellauto gebundenen
Handsender erhielten. Weil das nicht so „cool" aussah, wurde das Sender-
kabel ziemlich schnell durch eine Funkstrecke ersetzt. Der Kommunikati-
onsweg ist zwar nicht so sicher, das entfesselte Auto sieht aber wesentlich
schicker aus. Heute sind die kabelgebundenen Modellautos fast komplett
vom Markt verschwunden.

Bei einem Modellhubschrauber wäre ein Kabel zum Sender nicht nur aus
ästhethischer Sicht störend, sondern schließt einen ordentlichen Flugbetrieb
schlichtweg aus. Während jedoch bei einem Modellauto eine Störung auf
dem Funkkanal nur einen begrenzten Schaden anrichten kann, ist dies bei
einem Flugkörper schon anders, insbesondere wenn dieser vom Typ Modellhubschrauber ist und messerscharfe Rotorblätter besitzt, die mit mehr als
2000 Umdrehungen pro Minute alles in der näheren Umgebung wegrasieren
können.

Aus diesem Grund ist der Funkstrecke zwischen Sender und Modellhubschrauber besondere Aufmerksamkeit zu schenken. Die Frage lautet: Ist
das Modell im größten beabsichtigten Abstand auch unter den schlechtest
möglichen Bedingungen noch sicher zu betreiben? Eine Funkstrecke hat weder eine sichtbare Länge, noch können Sie ihr offensichtliche Schäden wie
Knicke oder ähnliche Defekte ansehen. Um die Qualität der Verbindung
sicherzustellen, müssen also andere Kriterien herangezogen werden.

Zweifellos sollte zwischen Modell und Sender immer eine *Sichtverbindung*
bestehen. Nicht nur als Pilot ist die Steuerung eines kurzzeitig verdeck-
ten Hubschraubers sehr riskant, auch auf die Verbindungsqualität wirken
sich Hindernisse negativ aus. Schon kurzzeitige Verbindungsabbrüche können bei einem Modellhubschrauber zum Absturz führen. Bei der 2,4-GHz-
Übertragung führen bereits Hindernisse nahe der Sichtstrecke zu Dämp-
fungseffekten, die zu Störungen und einem Reichweitenverlust führen!

Ebenso ist die Signalqualität - insbesondere bei der Kommunikation auf
dem 2,4-GHz-Band - von der *Ausrichtung* von Sender- und Empfängeran-
tenne abhängig (Polarisation). Je nach eingesetzter Frequenz und Ausbau
des Empfängers (z. B. Anzahl der Antennen) ist die Auslegung der Emp-
fangsantennen geeignet vorzunehmen. Die Anleitungen der Hersteller geben
hierzu Auskunft.

Auch *wetterbedingte* Einflüsse (Luftfeuchte, Wolken, nasser/spiegelnder Untergrund) können sich auf die Signalqualität und Reichweite auswirken.

Sogar Alterungserscheinungen sind nicht auszuschließen, die sowohl sender- als auch empfängerseitig auftreten können.

Ein sehr wichtiges Kriterium ist in jedem Fall die *Entfernung* zwischen Sender und Modell. Um sicherzustellen, dass Sender und Empfänger während der Flugphase stets miteinander kommunizieren können, führen Sie einen *Reichweitentest* durch. Da die Reichweite wie eben ausgeführt von vielen Faktoren abhängig ist und der Füllstand des Senderakkus sich ebenso auswirkt, muss dieser Reichweitentest nicht nur einmalig nach der Installation der Komponenten durchgeführt werden, sondern vor jedem Flug.

Der Reichweitentest ist einfacher und schneller durchzuführen, als diese lange Einleitung vermuten lässt. Da er aber essentiell ist, ist hier ein eigenes Kapitel vorgesehen.

8.2 35-/40-MHz-Anlagen

35-/40-MHz-Sender besitzen üblicherweise eine lange Antenne. Schieben Sie diese Antenne ein, so verringern Sie die effektiv abgestrahlte Energie und verschlechtern künstlich das Signal. Folgende Logik liegt dem Reichweitentest mit einem Sender des 35-/40-MHz-Bandes zugrunde: Wenn ein Modell in kurzer Entfernung mit schlechtem Sendersignal steuerbar ist, so wird es bei guter Signalqualität auch in weit größerem Abstand problemlos steuerbar sein.

Um den Reichweitentest konkret durchzuführen, legen Sie die Antenne(n) des Empfängers optimal aus und stellen das Modell mit abgeschaltetem Motor in kurzer Entfernung zu Ihnen auf. Schieben Sie die Senderantenne komplett ein und testen Sie, ob die Servobewegungen mit Ihren Steuerbewegungen korrelieren. Die Servos müssen sofort reagieren und dürfen nicht zittern. Entfernen Sie sich nun bis zu 70 Meter vom Modell und testen Sie weiterhin die Reaktion der Servos auf Ihre Steuerbefehle (Abb. 8.1). Idealerweise lassen Sie sich in dieser Phase von einem Beobachter, der beim Modell bleibt, unterstützen.

Im nächsten Schritt sollten Sie mögliche Störungen durch Regler und Motor berücksichtigen: Wiederholen Sie den Test, aber lassen Sie den Rotor dabei mit normaler Drehzahl drehen. Das Modell soll dabei am Boden

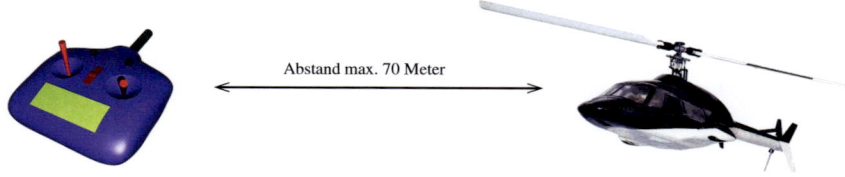

Abb. 8.1: Wenn die Empfangsqualität bei einem Abstand von maximal 70 Metern zwischen Modell und 35-/40-MHz-Sender mit eingeschobener Senderantenne einwandfrei ist, ist der Reichweitentest erfolgreich.

bleiben und die Steuerbewegungen dürfen natürlich nur so gering ausfallen, dass das Modell nicht umkippt. Das Risiko eines Schadens lässt sich nicht ausschließen, aber besser ein Umkippen unter Testbedingungen als ein unkontrollierter Absturz aus großer Höhe wegen eines zu spät erkannten Kommunikationsproblems!

Ist der Test erfolgreich verlaufen, können Sie davon ausgehen, dass der Hubschrauber mit ausgefahrener Senderantenne auch in flugtypischen Distanzen steuerbar sein wird.

 Sehr wichtig ist es, dass Sie den Sender nicht zu lange mit eingeschobener Senderantenne betreiben, um eine schädliche Erhitzung des HF-Moduls zu vermeiden!

Einige Sender sind mit Servotestprogrammen ausgerüstet (Abb. 8.2). Diese erlauben es Ihnen, mit dem Modell statt mit dem Sender „spazieren" zu gehen und den Test ohne eine weitere Person durchzuführen. Achten Sie darauf, dass nur die zu testenden Kanalausgänge verbunden sind. Die Motorsteuerung gehört definitiv nicht dazu!

8.3   2,4-GHz-Anlagen

In den letzten Jahren haben die 2,4-GHz-Sender einen wahren Boom erlebt. Sie besitzen viele Vorteile gegenüber der Funkübertragung auf dem 35-/40-MHz-Band. Wenn man den Herstellern glaubt, sollen Kanalkonflikte der Vergangenheit angehören und die störungsfreie Kommunikation soll aufgrund von digital selbstkorrigierenden Protokollen auch bei Signalqualitätsschwankungen sichergestellt sein.

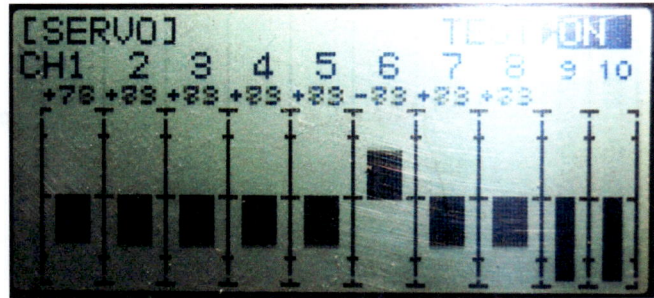

Abb. 8.2: Servotest bei der FF-10: Alle Kanalausgangswerte werden kontinu-
ierlich geändert.

Ein anderer - sicher weniger gewichtiger Vorteil - sind die kurzen Antennen der 2,4-GHz-Sender. Aber schon dieses Merkmal zeigt, dass ein Reichweitentest, wie er in Abschnitt 8.2 für 35-/40-MHz-Anlagen vorgenommen
werden kann, hier nicht anwendbar ist. Stattdessen müssen Sie sich einer
Funktion bedienen, die die Hersteller explizit für die Reichweitenüberprü-
fung implementiert haben: die *Verminderung der Sendeleistung.*

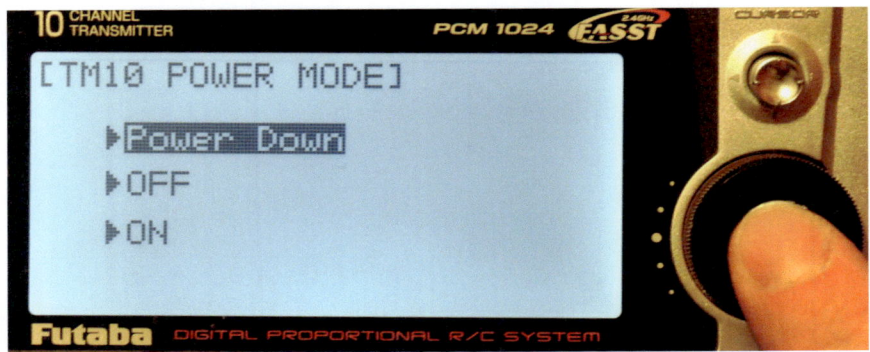

Abb. 8.3: Aktivierung des Power-Down-Modus bei der FF-10

Bei der in diesem Buch exemplarisch beschriebenen 2,4-GHz-Version der
Futaba FF-10 müssen Sie beim Einschalten den 3D-Button drücken, um
die hier als *Power-Down-Modus* bezeichnete sendeleistungsreduzierte Betriebsart zu aktivieren (Abb. 8.3). Das Menü erscheint nur dann, wenn Sie
das 2,4-GHz-Modul eingesetzt haben. An der blau blinkenden LED auf dem
Frontpanel erkennen Sie, dass der Power-Down-Modus aktiv ist.

Der eigentliche Test erfolgt analog zu der Vorgehensweise, wie sie auch für 35-/40-MHz-Anlagen gilt (Abschnitt 8.2). Auch hier ist das Servotestprogramm des Senders sehr hilfreich. Achten Sie wegen der Polarisierung darauf, dass die beiden Empfängerantennen orthogonal zueinander im Modell ausgelegt sind.

Da auf 2,4-GHz auch viele andere Geräte kommunizieren, sollten Sie dabei auch diese *Störsender* in den Test einbeziehen. Beispielsweise könnte es passieren, dass sich Ihnen während des Flugbetriebs ein Handybesitzer mit aktiviertem Bluetooth nähert. Testen Sie mögliche Einflüsse also besser schon vorher.

Vergessen Sie nicht, nach Abschluss des Tests wieder in die normale Betriebsart zu wechseln. Bei der FF-10 geschieht dies durch Aus- und Einschalten des Senders.

Kapitel 9

Dual Rate und Expo

9.1 Anpassung der Steuerkurven

Wenn Sie mit der Modellfliegerei gerade erst am Anfang stehen, werden Sie sicherlich überrascht sein, wie feinfühlig die Steuerung reagiert. Kleinste Knüppelbewegungen führen zu ungeahnten Flugfiguren und in der Anfangszeit leider nicht selten zum Absturz.

Gemeinerweise gehören die Phasen *Start* und *Landung* zu den schwierigsten Manövern eines Fluges – und sind doch zwingend erforderlich! Nicht nur Anfänger wünschen sich, dass die Steuerung während dieser Phasen etwas weniger empfindlich reagiert.

Dagegen sind kleinere Knüppelbewegungen mit größerer Wirkung erwünscht, wenn sich der Hubschrauber im Rund- oder 3D-Flug befindet.

Mit den Funktionen *Dual Rate* und *Expo* ist es möglich, die Wirkung eines Steuerknüppelausschlages zu beeinflussen. Diese Funktionen lassen sich in der Regel flugphasenspezifisch und über einen (oft frei zuweisbaren) Geber individuell für Nick, Roll und Gieren aktivieren.

Es soll nicht unerwähnt bleiben, dass der Sinn dieser Funktionen unter den Piloten umstritten ist.

9.2   Dual Rate

Mit Dual Rate lässt sich die Größe der Ruderausschläge festlegen. Der gesamte Servoweg wird mit dieser Funktion linear gestaucht oder gestreckt. Während eines Rund- oder 3D-Fluges sollen Maximalausschläge möglich sein, damit das Modell (und der Pilot) seine gesamte Leistungsfähigkeit zeigen kann. Die Pilotenleistung bei der Landung zeigt sich dagegen durch einen genauen Zielanflug und einer sanften Landung. Daher sind bei der Landung maximale Ruderausschläge wenig sinnvoll und nur bei Anfängern kurz vor dem Crash zu sehen.

Wenn beispielsweise über den gesamten Knüppelweg nur noch bis zu 60 % des ursprünglichen Ruderausschlags bewirkt werden, wird die Steuerung weniger empfindlich und damit Start-, Lande- und Schwebeflüge einfacher steuerbar.

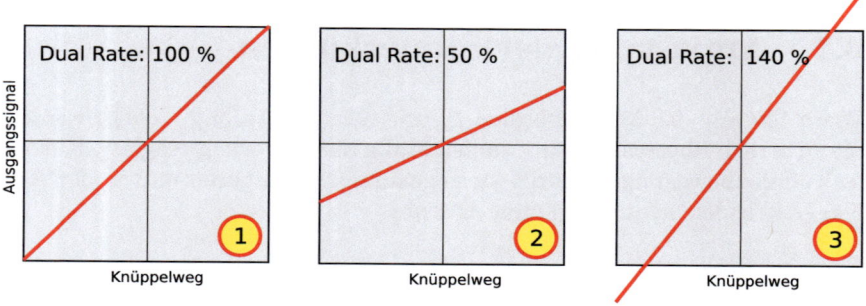

Abb. 9.1: Wirkung der Dual-Rate-Funktion auf das Steuerverhalten

In Abb. 9.1 ist die Wirkung der Dual-Rate-Funktion illustriert: Ein Dual-Rate-Wert von 100 % bewirkt keine Änderung auf eine lineare Steuerkurve (Diagramm 1). Möchten Sie den Ruderausschlag begrenzen und stellen dazu einen Dual Rate Wert von 50 % ein, so kann der Servo nur noch maximal bis zur Hälfte des ursprünglichen Weges ausgelenkt werden (Diagramm 2). Auch Werte über 100 % sind möglich (Diagramm 3).

9.3   Expo

In vielen Fällen möchte man die Steuerempfindlichkeit nicht in gleichem Maße über den ganzen Knüppelweg beeinflussen, wie es mit Dual Rate geschieht. Vielmehr wünscht man sich manchmal für die letzten Meter des Landeanfluges eine weniger sensible Steuerung um die Knüppelmittelposition, aber ein aggressives Ansprechverhalten, wenn man mit einem größeren Knüppelausschlag schnelle Figuren fliegen möchte. Ein solches Steuerverhalten lässt sich mit der Expo-Funktion einstellen.

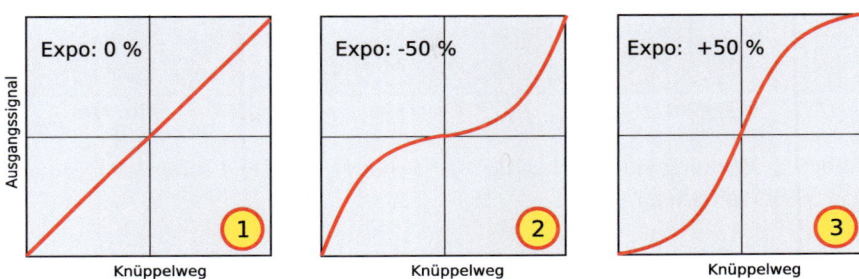

Abb. 9.2: Wirkung der Expo-Funktion auf das Steuerverhalten

9.4 Anwendung von Dual Rate und Expo

Die Funktionen von Dual Rate und Expo lassen sich auch kombinieren, so dass Sie die Wirkung der Steuerknüppel sehr genau Ihrem Flugstil anpassen können. Dies wird in Abb. 9.3 demonstriert: Im Diagramm 1 ist wieder die Ausgangssituation dargestellt, d. h. weder Dual Rate noch Expo wurden angewendet. Ein sehr unempfindliches Steuerverhalten um die Knüppelmittelposition, bei dem der maximale Ruderausschlag zusätzlich stark begrenzt wurde, ist mit gleichzeitiger Anwendung eines positiven Dual Rates und eines negativen Expo-Wertes möglich (Diagramm 2). Natürlich sind auch andere Kombinationen theoretisch möglich, doch sind sie bei der Hubschrauber-Programmierung unvorteilhaft (Diagramm 3).

Sie sollten zudem überlegen, ob Sie Dual Rate und Expo bei allen für das Modell definierten Flugphasen aktivieren. Allerdings kann eine Anwendung in nicht allen Flugphasen dazu führen, dass der Hubschrauber beim Übergang in eine andere Flugphase eine überraschende Eigendynamik entwickelt!

Außerdem sollten Sie das ursprünglich lineare Steuerverhalten nur leicht beeinflussen, damit Ihnen das Gefühl für das Flugverhalten nicht abhanden kommt. Die hier verwendeten großen Beispielwerte von 50 % dienen nur der besseren Beschreibung der Wirkung. Üblicherweise werden nur Werte bis

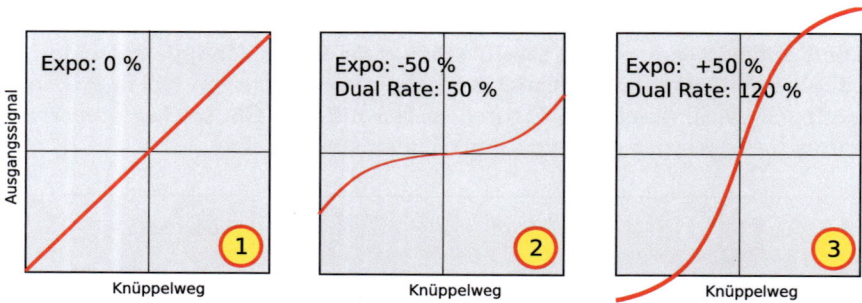

Abb. 9.3: Wirkung von gleichzeitiger Anwendung von Dual Rate und Expo auf das Steuerverhalten

zehn Prozent verwendet. Viele Profis behaupten sogar, dass diese Funktionen kontraproduktiv seien. Experimentieren und sammeln Sie Ihre eigenen Erfahrungen!

Kapitel 10

Mischer

10.1   Signale mischen

Auf keiner Packung eines modernen Computersenders fehlt die Angabe über die maximale Anzahl freier Mischer. Was ist ein *Mischer* und was bedeutet der Zusatz *frei* in diesem Zusammenhang?

Zunächst einmal ist ein *Mischer* die Implementation einer Funktion, die zwei Eingangssignale miteinander „vermischt" und daraus ein Ausgangssignal erzeugt. Diese Eingangssignale können unterschiedlichen Ursprungs sein und die möglichen Quellen unterscheiden sich von Sender zu Sender. Beispielsweise können Schalterstellungen, Kanäle oder sogar die Ausgangssignale eines anderen Mischers als Eingangssignal dienen.

Die Deklaration als *freier* Mischer bedeutet natürlich nicht, dass die anderen Mischer im Sender eingesperrt worden sind. Vielmehr weist diese Bezeichnung darauf hin, dass freie Mischer vom Anwender „frei" programmiert werden können. Wie frei der Anwender dabei ist, hängt davon ab, welche Freiheitsgrade die Firmware des Senders erlaubt. Manchmal sind die Mischfunktionen stark eingeschränkt, in anderen Fällen ist die Funktion anhand einer vom Anwender vorgegebenen Mehrpunktkurve definierbar.

Wie das Adjektiv andeutet, gibt es auch unfreie Mischer, die natürlich nicht so benannt sind und auch selten explizit aufgeführt werden. Sie verrichten ihre Arbeit im Hintergrund und werden bei der Programmierung eines Helimodells automatisch eingerichtet.

10.2   Anwendungsfälle

10.2.1   Feste Mischfunktionen eines Modelltyps

Wenn Sie heute einen Helikopter auf Ihren Computersender programmieren, kommen Sie kaum in die Verlegenheit, konkret einen Mischer programmieren zu müssen. Trotzdem sind in der Regel diverse Mischer aktiv, wenn Sie ein Modell eingerichtet haben und dieses steuern. Stellen Sie sich beispielsweise die 3-Punkt-Ansteuerung einer Taumelscheibe vor: Sowohl die Nick- als auch die Roll-Funktion beeinflussen alle Taumelscheiben-Servos gleichzeitig, damit die Neigung der Taumelscheibe korrekt und ohne axiale Verschiebung (Pitchänderung) geschieht. Über die Festlegung des Taumelscheibentyps wurden die geeigneten Mischfunktionen implizit von der Steuersoftware des Senders eingerichtet. Sie können handelsübliche Flächen- als auch Hubschrauber-Modelle ohne konkretes Wissen über Mischer einrichten.

Die Vermutung liegt nahe, dass gewisse Funktionen (wie die Umschaltung in die Autorotation) intern programmtechnisch über Mischer realisiert werden: Der Autorotations-Schalter kann als ein Eingangssignal dienen, welches per Nullfunktion das Gassignal auf null legt.

Mischer sind übrigens auch in Gyros enthalten, wenngleich diese dort nicht als solche bezeichnet werden. Bevor Heckgyros eingesetzt wurden, war es üblich, das Gas-/Pitch-Signal bzw. die entsprechende Steuerknüppelposition mit einem additiven Hecksignal zu verknüpfen. Die Technik ist jedoch in den letzten Jahren erheblich vorangekommen, so dass die Stabilisierung des Hecks wesentlich besser erreicht werden kann. Das zur Stabilisierung auszugleichende Drehmoment wird nicht mehr durch die Steuerknüppelposition geschätzt. Das Kreiselsystem eines Gyros zeigt an, wenn das Heck durch eine Drehmomentänderung (oder andere Einflüsse) ausgelenkt wird und kann sofort gegensteuern. Da der Pilot zeitgleich eine Heck-Bewegung gesteuert haben kann, muss ein Gyro das Signal des Kreiselsystems mit dem Steuersignal des Heckkanals vermischen, um mit einem geeigneten Ausgangssignal den Heckservo anzusteuern. Ebenso besitzen die elektronischen Horizontal-Stabilisierungsmodule ausgefeilte Mischfunktionen, damit die Nick- und Roll-Befehle mit den von den internen Gyros gemeldeten Verkippungen und Beschleunigungen zu Ausgangssignalen vermischt werden, um wiederum die vielen für die Taumelscheibenanlenkung verwendeten Servos anzusteuern.

Während früher viele Stabilisierungs-Funktionen am Sender über eine Schätzfunktion (z. B. Heckbeimischung) programmiert werden mussten, werden diese mittlerweile in der Regel von externen Stabilisierungsmodulen übernommen.

10.2.2 Anwendung freier Mischer

Obwohl die auf dem Markt erhältlichen Modelle ohne die Verwendung freidefinierbarer Mischer steuerbar sind, haben diese dennoch ihre Daseinsberechtigung: Einerseits sind damit Erweiterungsfunktionen realisierbar, die ein Standardmodell nicht von Haus aus beherrscht. Andererseits ist die Steuerung von selbstentwickelten Modellen, die sich nicht an übliche Normierungen halten, möglich. Wenn Sie beispielsweise eine unkonventionelle Taumelscheibenanlenkung konstruiert haben, benötigen Sie zur Steuerung

eines Modells mit dieser Anlenkung einen Sender, der die notwendigen kom-
plexen Mischfunktionen abbilden kann.

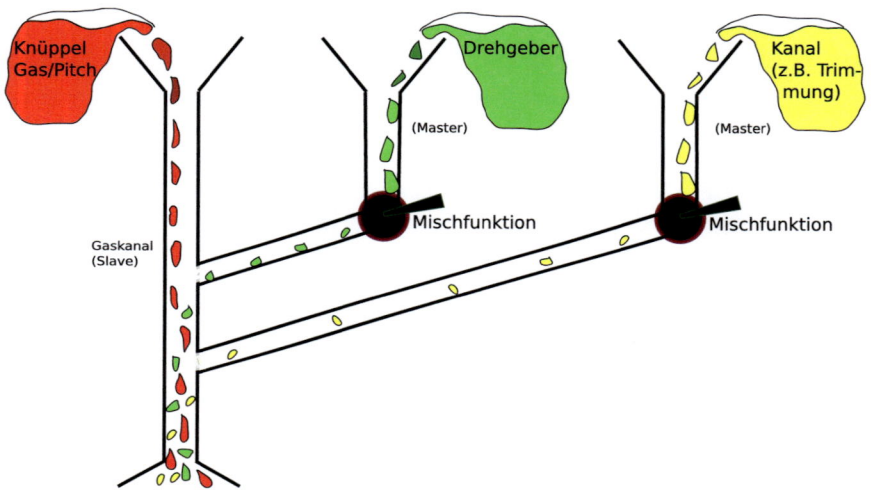

Abb. 10.1: Ablauf des Mischens anschaulich erklärt

In Abb. 10.1 ist anschaulich dargestellt, wie freie Mischer heutiger Computersender arbeiten. Zunächst einmal gibt es einen Kanal (in der Abbildung
ist dies beispielhaft der Gaskanal), in dem eine Menge Signal „fließt", möglicherweise vorgegeben durch eine Knüppelposition. Nun können Sie eine
weitere Menge eines anderen Signals hinzumischen, indem Sie als weitere
Quelle einen anderen Kanal oder einen Geber benutzen. Über eine Mischfunktion wird gesteuert, welche Menge dieses wertvollen Zusatzes hinzugemischt werden soll. Das Ergebnis dieser Mischung kann bei vielen Sendern
auf einen beliebigen Ausgangskanal gelegt werden. Bei der Art, wie die
Mischfunktion programmiert werden kann, unterscheiden sich die Sender
sehr stark. Die Begriffe *Master* und *Slave* sind in der Zeichnung schon
eingetragen, weil diese später bei der Beispielprogrammierung der FF-10
wieder auftauchen werden.

10.3 Beispiele für freie Mischer

10.3.1 Gaslimit bei der FF-10

Auch bei Elektrohelis ist ein *Gaslimit*, wie es beispielsweise in der Graupner mx16s implementiert und standardmäßig über einen Drehknopf bedient wird, ein sinnvolles Feature zum Einstellen des Helis oder auch für die vorsichtige Erstinbetriebnahme eines neuen Heli-Modells. Zur Wirkungsweise eines Gaslimits soll etwas ausgeholt werden: Heutige Motor-Regler besitzen neben dem Regler-Modus üblicherweise einen Governor-Modus und werden meist auch in diesem betrieben. Dabei stellt der Regler sicher, dass der Motor per Sanftanlauf langsam auf eine vorgegebene Zielumdrehungszahl gebracht wird und diese danach konstant hält. Die Drehzahl des Motors korrespondiert linear mit der Rotordrehzahl, da es noch kein Getriebe bei Modellhubschraubern gibt.

Nun gibt es aber Situationen (Startphase, Vornahme von Einstellungen), in denen die Zieldrehzahl des Rotors gedrosselt werden soll. Die Programmierung einer eigenen Flugphase oder eines neuen Modells wäre dazu etwas übertrieben. Vorteilhafter ist die Anwendung einer Gaslimit-Funktion: Mit einem Schiebe- oder Drehgeber reduzieren Sie den angelegten Gaswert entsprechend der Geberposition in allen oder in der aktuell ausgewählten Flugphase.

Bei der mx16s ist dafür standardmäßig der Drehgeber CTRL-7 vorgesehen. Bei der FF-10 kann diese Funktion leicht mit einem Mischer nachgerüstet werden. Dies soll im Folgenden aufgezeigt werden.

Wenn man die in den Menüdialogen verwendeten Begriffe nimmt, so sieht eine Mischfunktion bei der FF-10 folgendermaßen aus: Das Zielsignal ist eine Addition des Wertes auf dem *Slave*-Kanal und dem Anteil (*Rate*) eines Geberwertes (*Master*). Das gemischte Ausgangssignal wird wiederum auf den Slave-Kanal gelegt.

Es ergibt sich folgende Formel:

$$\text{Ausgangswert auf Slave-Kanal} = \text{Slave-Eingangssignal} + \text{Rate} * \text{Master}$$

mit Slave = Kanal 3, Rate = Anteil des dazuzumischenden Signals und Master = Geber.

Gaskurve bei 100

Sei folgendes vorgesehen: Der Gaswert soll bei aufgedrehtem Gaslimit bei
100 % liegen. Wird das Gaslimit komplett zugedreht, so soll der Gaswert
bei null liegen. Legen Sie zunächst über den gesamten Steuerweg einen
konstanten Gaswert von 50 % an. Die Gaskurve legen Sie fest, indem Sie im
zweiten Teil des Basic-Menüs den Eintrag *Gas-Kurv/Nor* selektieren und
anschließend alle Werte der Mehrpunkt-Kurve auf *50.0* einstellen (Abb.
10.2).

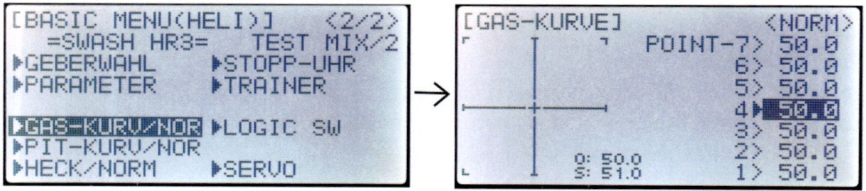

Abb. 10.2: Gaskurve auf 50 % bei der FF-10 legen

Nun wird es etwas „ungemütlich", weil unterschiedliche Skalierungen verwendet werden. Während die Gaskurve im Wertebereich von 0 bis 100
angegeben wird, benutzt man für die Angabe eines Kanalausgangs den
Wertebereich von -100 bis +100, um bei 0 die Neutralstellung eines Servos
anzudeuten (Abb. 10.3). Um jedoch zu kontrollieren, ob ein Mischer richtig
konfiguriert wurde, müssen Sie dieses anhand der Kanalausgänge prüfen.
In der FF-10 lassen sich die Wirkungen von Steuerknüppel und anderen
Gebern über den Punkt *Servo* des Basic-Menüs ausgeben (Abb. 10.4). Es
lassen sich sogar Werte außerhalb des gültigen Wertebereichs einstellen,
d. h. unterhalb von -100 oder oberhalb von +100. Diese Eigenschaft ist für
die Berechnung des Mischanteils sehr wichtig, wie gleich aufgezeigt wird.

Da das Gaslimit in der Regel nur dann betätigt wird, wenn das Model
auf dem Boden steht, darf der zugeordnete Geber an einer nicht so leicht
erreichbaren Position liegen. In diesem Beispiel soll dazu der Drehregler
VR(B) verwendet werden (alternativ erlaubt die FF-10 auch einen Kanal
als Mastersignal). So stehen die besser zugänglichen Geber für andere Steu-
eraufgaben zur Verfügung, die im Flug anfallen. Dieser Regler muss später
als *Master* im Mischerdialog eingetragen werden. Da der Wertebereich des
VR(B) jedoch, anders als bei einem Kippschalter, von -1.34 bis +1.34 reicht
(Abb. 10.5), darf nur ein gewisser Anteil hinzugemischt werden. Soll also am
Anschlag des Drehgebers jeweils -1 bzw. +1 anliegen, so muss der konstante

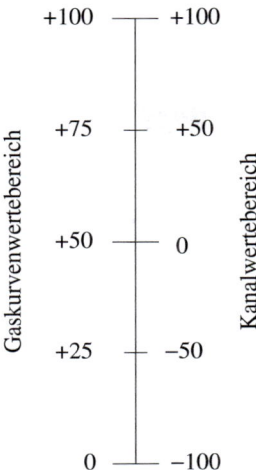

Abb. 10.3: Die Gaskurve wird von 0 bis 100 festgelegt, wohingegen Kanalaus-gangswerte im Wertebereich von -100 bis +100 angegeben werden.

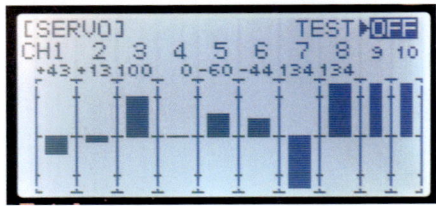

Abb. 10.4: Kanalanzeige bei der FF-10. Der Wertebereich ist symmetrisch von -100 bis +100. Ein Ausgangssignal kann auch außerhalb dieses Bereichs liegen, so dass die Anzeige von -134 bis +134 reicht!

Rate-Wert bei $1/1.34 = 0.75$ liegen. Diese Werte sind vor dem Hintergrund zu verstehen, dass der Wertebereich des Kanalausgangs von -100 bis +100 reicht!

Kommen wir nun zur Einrichtung des eigentlichen Mischers. Wie in Abb. 10.6 dargestellt, wählen Sie im zweiten Teil des Advanced-Menüs den Punkt *Prog.Mix 1-6* an. Dahinter verstecken sich vier normale Anteils-Mischer und zwei Mischer, die mit einer 5-Punkt-Mischkurve definiert werden. Wählen Sie zunächst einen Anteils-Mischer aus, so erhalten Sie einen Dialog, der

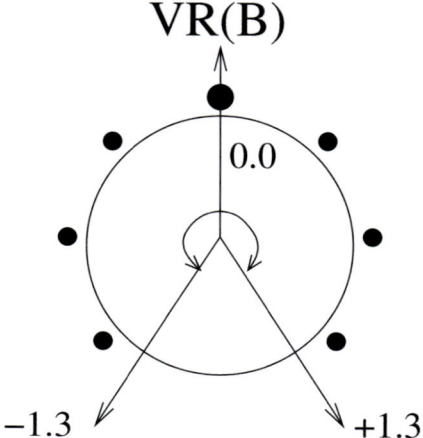

Abb. 10.5: Der Drehgeber VR(B) hat einen Wertebereich von -1.34 bis +1.34.

die Mischerpunkte *Rate*, *Master* und *Slave* in der linken Spalte enthält. Mit diesen Werten konfigurieren Sie den kompletten Mischer. Zusätzlich müssen Sie ihn über den Punkt *Mix* aktivieren.

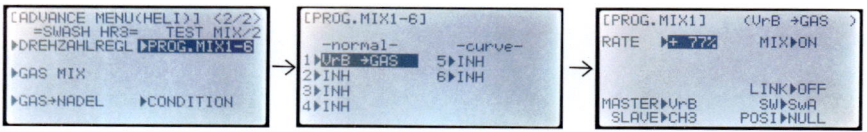

Abb. 10.6: Einrichtung eines Mischers bei der FF-10

Prüfen Sie nun anhand der Kanalanzeige (Abb. 10.4), ob der Mischer richtig arbeitet. Ist dies nicht der Fall, kann das an den Stellungen anderer Geber liegen. Beispielsweise wirkt auch der Geber VR(C) in der Default-Einstellung auf die Gaskurve!

Gaskurve bei 75

Nehmen wir nun einmal an, dass der Motor bei zugedrehtem Gaslimit bei null und bei komplett aufgedrehtem Gaslimit bei 75 liegen soll (auf der Gaskurven-Skala von 0 bis 100). 75 entspricht im Kanalwertebereich +50. Damit der Drehgeber den gesamten Bereich von 0 bis 75 (Gaswertebereich) einstellen kann, muss er also von -100 bis +50 (Kanalwertebereich) regeln können. Die Mitte des Bereichs ist -25 (Kanalwertebereich) bzw. 37.5 im Wertebereich der Gaskurve. Legen Sie eine konstante Gaskurve auf den Wert 37.5.

Der Drehregler VR(B) soll also am Anschlag -75 bzw. +75 (im Wertebereich des Kanalausgangs) hinzumischen. Wie oben bereits erklärt wurde, reicht der Wertebereich von VR(B) von -1.34 bis +1.34. Damit dieser Wertebereich über VR(B) komplett abgefahren werden kann, muss demnach eine Rate von $\frac{75}{1.34} = 56$ eingestellt werden.

Mischer über einen Schalter aktivieren

Manchmal ist es vorteilhaft, wenn Sie den Mischer nicht nur umständlich im Menü an- oder abschalten können, sondern bequem im Flugbetrieb über einen eigenen Schalter. Dazu dienen die Einstellungen unten rechts im Mischerdialog (Abb. 10.7). Hier können Sie festlegen, ob ein Schalter den Mischer aktivieren soll. In diesem Beispiel ist der neue Gaslimit-Mischer dann aktiv, wenn Schalter A in der *Up*-Position steht. Statt eines physikalischen Schalters sind auch Logik-Schalter erlaubt (Kapitel 11).

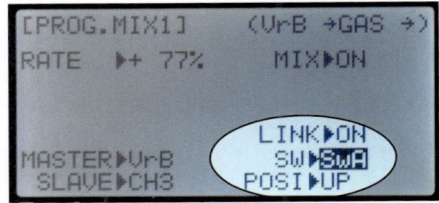

Abb. 10.7: Aktivierung eines Mischers über einen anderen Schalter. In dieser Abbildung ist dies der Schalter A, es könnte aber auch ein Logik-Schalter sein.

10.3.2 Definition über eine 5-Punkt-Kurve

Im vorangegangenen Abschnitt wurde ein fester *Rate*-Wert vorgegeben. Ein Signal muss jedoch nicht mit einem konstanten Anteil hinzugemischt werden. Stattdessen erlauben einige Sender, eine Mehrpunkt-Kurve vorzugeben, anhand derer das Signal hinzugemischt werden kann.

Bei der FF-10 funktioniert ein solcher Mischer nur mit einem Kanal als

Master. Um die gleiche Funktionalität wie im vorangegangenen Abschnitt mit einem 5-Punkt-Mischer abzubilden, muss also der Drehgeber VR(B) auf einen Kanal geleitet werden. Angenommen, dies sei der Kanal CH8. Die Schritte dazu sind in Abb. 10.8 dargestellt.

Abb. 10.8: Um einen 5-Punkt-Mischerkurve im Gaslimit-Beispiel anwenden zu können, sollten Sie den Drehgeber VR(B) auf Kanal 8 legen.

Im nächsten Schritt muss die Mischfunktion eingestellt werden. Wählen Sie also einen der beiden freien 5-Punkt-Mischer an, so können Sie in zwei Eingabemasken (Abb. 10.9) alle Angaben zum Mischer vornehmen. Wie schon im Abschnitt „Gaskurve bei 75" errechnet, muss der Drehgeber einen additiven Mischanteil von -56 bis +56 abdecken. Der Vorteil einer 5-Punkt-Kurve ist, dass die Mischkurve nicht zwingend linear verlaufen muss. Da das Gaslimit insbesondere bei geringer Rotordrehzahl oder zum Herantasten an die Zieldrehzahl genau arbeiten soll, bietet sich eine leicht exponentielle Kurve an, die von -56 bis +56 verläuft. Als Master dient der Kanal 8, der dem Geber VR(B) zugeordnet wurde. Slave bleibt auf dem Gaskanal 3. Damit der Mischer aktiv ist, muss er unter *Mix* auf *On* gestellt werden[1].

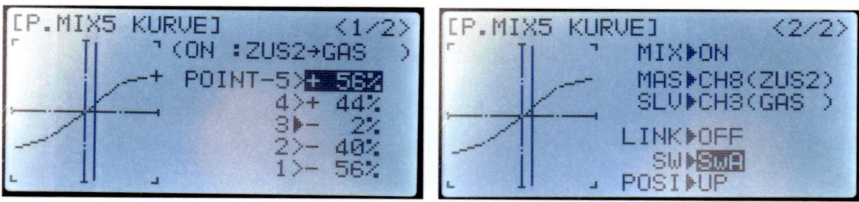

Abb. 10.9: Ein Mischer mit einer 5-Punkt-Mischkurve

---

[1]Die Firmware, die auf dem Gerät des Autors installiert ist, hat offensichtlich noch einige Fehler. So müssen erst die Master- und Slave-Einstellungen vorgenommen werden, da diese Änderungen die Kurve wieder auf null zurücksetzen. Außerdem ist die Aktivierung des Mischers in einigen Fällen erst dann möglich, wenn zuvor die Verlinkung mit einem Schalter einmalig konfiguriert wurde.

Kapitel 11

Logik-Schalter

Die heutigen Computersender sind so gut vorprogrammiert, dass es selten notwendig ist, die fortgeschrittenen Logik- und Mischerfunktionen selbst einzurichten. Trotzdem können Sie mit diesen Funktionen eine Menge interessanter Konfigurationen erzeugen. Als Beispiel soll hier aufgeführt werden, wie Sie Logik-Schalter einsetzen können, die beispielsweise in der Futaba FF-10 programmierbar sind.

11.1 Logik-Schalter

Logik-Schalter sind virtuelle Schalter, die eine boolesche Verknüpfung von Signalen vornehmen und das Ergebnis als virtuellen Ausgangsschalter zur Verfügung stellen. Dieser Schalter kann dann beispielsweise wieder dazu dienen, besondere Aktionen auf einem Kanal zu initiieren.

11.2 Beispiel für den Einsatz eines Logik-Schalters

Stellen Sie sich folgende Aufgabenstellung vor: Das Fahrwerk soll automatisch einfahren, wenn der Hubschrauber abhebt und genauso automatisch wieder ausfahren, wenn der Hubschrauber in die Autorotation übergeht. Alternativ könnten Sie auch in der Autorotationsphase die Landescheinwerfer einschalten.

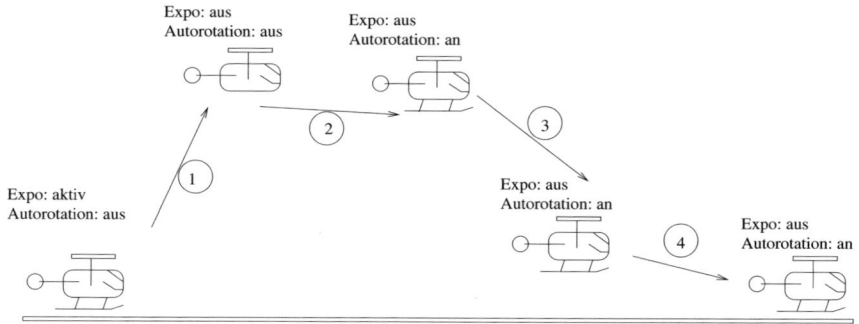

Abb. 11.1: Beispiel für den Einsatz eines Logik-Schalters: Bei der Autorotation soll das Fahrwerk automatisch ausfahren.

Nehmen wir an, dass Expo in der Startphase aktiv, während des Rundfluges jedoch deaktiviert ist. Gehen wir weiterhin davon aus, dass Sie die Expo-Funktion mit dem Geberschalter A steuern. Wenn Sie die Autorotation aktivieren, werden Sie Expo daher nicht eingeschaltet haben. Die Autorotation sei durch den Geberschalter D gesteuert. Aus diesen Annahmen ergibt sich:

Schalterkombination	Flugphase und Fahrwerk
Expo: aus und Autorotation: ein	Landegestell ausgefahren (AR-Landung)
Expo: ein und Autorotation: ein	sollte nicht vorkommen
Expo: aus und Autorotation: aus	Landegestell eingefahren (Rundflug)
Expo: ein und Autorotation: aus	Landegestell ausgefahren (Startphase)

Aus dieser Kombination ergibt sich: Das Landegestell soll nur dann eingefahren werden, wenn Expo *und* Autorotation ausgeschaltet sind.

Nun können wir einen Logik-Schalter definieren, der die Geber A (Expo) und D (Autorotation) boolesch zu einem Logik-Schalter verknüpft. Eine boolesche Funktion kann Signale beispielsweise ver*und*en oder ver*oder*n. Es gibt noch weitere boolesche Operationen wie z. B. *exklusiv-oder* [1], die aber bei der Definition von Logik-Schaltern nicht von Interesse sind. Je nach Definition, welche Stellung des Schalters „ein" oder „aus" bedeutet, lässt sich eine *exklusiv-oder*-Operation auch durch eine *und*- oder *oder*-

---

[1] „Exklusiv-oder" bezeichnet eine boolesche Funktion: Das Ergebnis zweier *exklusiv-oder* verknüpfter Eingangssignale ist „1" bzw. *wahr*, wenn die beiden Eingänge verschieden sind.

Operation abbilden. Wenn Sie also einen Logikschalter definieren, der die Schalter A und D geeignet verknüpft, und diesen als Gebersignal auf den Landegestell-Servo konfigurieren, wird das Landegestell nur eingefahren, wenn Expo (Schalter A) und Autorotation (Schalter D) ausgeschaltet sind.

11.3 Konfiguration bei der FF-10

Abb. 11.2 zeigt das Konfigurationsfenster zur Einrichtung der Logik-Schalter in der FF-10: Es stehen drei Logik-Schalter zur Verfügung, die unabhängig voneinander eingerichtet und aktiviert werden können. *SW* steht für den Schalter, *Posi* für die Schalterstellung und *Mode* für die anzuwendende boolesche Verknüpfung.

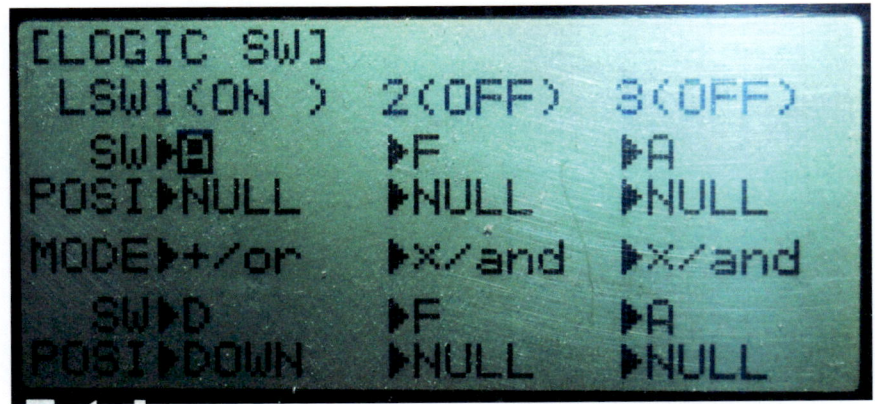

Abb. 11.2: Einstellungsdialog für die Logik-Schalter in der FF-10

Legen Sie die Funktion Expo auf Schalter A, die Autorotation soll wie üblich auf dem Schalter D liegen. Wählen Sie nun *Logic SW* im Basic Menu an. Ändern Sie für den Schalter LSW1 folgende Werte:

"SW: A" (der Expo-Schalter)
"Posi: Up" (definiert, was logisch 1 oder 0 ist)
"Mode: +/or" (UND-Verknüpfung)
"SW: D" (der Autorotations-Schalter)
"Posi: Down"

Gehen wir nun davon aus, dass auf Kanal 7 die Steuerung für das Landegestell mit einem Slow-Servo erfolgen soll, d. h. es genügt, wenn auf dem

Kanal das Signal übergangslos zwischen Min und Max gewechselt wird. Es ergibt sich folgende Zielkombination:

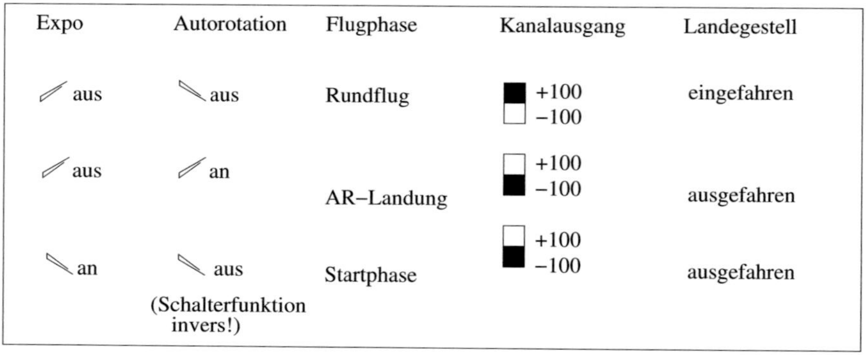

Expo	Autorotation	Flugphase	Kanalausgang	Landegestell
⟋ aus	⟍ aus	Rundflug	■ +100 □ −100	eingefahren
⟋ aus	⟋ an	AR–Landung	□ +100 ■ −100	ausgefahren
⟍ an	⟍ aus (Schalterfunktion invers!)	Startphase	□ +100 ■ −100	ausgefahren

Abb. 11.3: Verschiedene Schalterkombinationen sind möglich. Nur die Schalterstellung, die beim Übergang in die Autorotation eingestellt ist, soll den Logik-Schalter für das Fahrwerk aktiv schalten.

Wählen Sie nun den Punkt *Geberwahl* im Basic Menu an und weisen Sie dem Kanal CH7 den Logik-Schalter LS1 zu. Wenn Sie nun den Punkt *Servos* im Menü anwählen und die verschiedenen Schalterstellungen von A und D permutieren, sollten Sie erkennen, dass auf Kanal 7 das richtige Signal für das Landegestell anliegt.

Kapitel 12

Lehrer-Schüler-Betrieb

12.1 Betreuter Einstieg

Der ferngesteuerte Modellhubschrauberflug gehört zu den Königsdiszipli-
nen, wenngleich auf dem Markt verstärkt leichter zu kontrollierende ei-
genstabile Koaxialmodelle verkauft werden und auch die elektronischen
Horizontalstabilisierungslösungen mittlerweile zu erschwinglichen Preisen
angeboten werden.

Nach Meinung des Autors kommt wahres Fluggefühl jedoch erst auf, wenn
man ein paddelstabilisiertes Modell steuert. Die Lernphase ist allerdings
sehr steinig. Kleinste Pilotenfehler führen zum Absturz und diese verursachen aufgrund der komplizierten Konstruktion von Hubschraubern hohe
Kosten und einen erheblichen Reparaturaufwand.

Ein idealer Einstieg geschieht daher mit einem Simulator. Es gibt diverse
Modellflugsimulatoren für jeden Geldbeutel, doch schon der Einstieg mit
dem teuersten Softwareprodukt wird sich nach einem oder zwei Crashs
amortisieren!

Alternativ oder im Anschluss an die Simulatorlernphase können Sie die
Steuerung im *Lehrer-Schüler-Betrieb* erlernen. Viele Vereine und auch einige Modellbauhändler bieten diese Schulungsmöglichkeit an. Dabei werden
zwei Sender miteinander verbunden. Die Signale des Schülersenders werden

zum Lehrersender übertragen. Der Lehrer kann jederzeit einige Funktionen oder die gesamte Kontrolle übernehmen.

Meistens wird der Lehrer damit beginnen, zunächst nur einzelne Steuerfunktionen an den Schüler zu übergeben (z. B. Pitch). Wenn der Schüler die übergebene Funktion beherrscht, wird er weitere Funktionen steuern dürfen. Jederzeit kann der Lehrer die Kontrolle wieder an sich ziehen, um einen drohenden Absturz zu verhindern. Einige Sender erlauben im Bedarfsfall allerdings nur die komplette Übernahme aller Funktionen durch den Lehrersender.

12.2 Kompatibilität

Die Hersteller geben in den Produktspezifikationen ihrer Sender an, ob diese als Lehrer- oder Schülersender eingesetzt werden können und mit welchen anderen Sendern diese dazu gekoppelt werden können. Die Hersteller beziehen sich in der Regel nur auf ihre eigene Produktpalette. Wollen Sie jedoch beispielsweise zwei Sender unterschiedlicher Hersteller als Lehrer-Schüler-Kombination verwenden, ist eine Suche in den verschiedenen Internetforen hilfreich. Oft lassen sich diese dennoch verbinden. In einigen Fällen muss dazu eine Signalinvertierung vorgenommen werden.

12.3 Lehrer- und Schülersender verbinden

Wenn Sie zwei Sender zu einem Lehrer-Schüler-System miteinander verbinden wollen, müssen Sie gewisse Randbedingungen beachten:

- Das HF-Signal darf nur vom Lehrersender ausgestrahlt werden. Daher ist das HF-Modul des Schülersenders entweder über das Sendermenü abzuschalten oder der Quarz zu entnehmen. In einigen Fällen ist auch das Abnehmen des HF-Moduls (z. B. bei Sendern, die durch ein Zusatz-HF-Modul nachträglich zu einem 2,4-GHz-System umgerüstet wurden) vorzunehmen.

- Für 35-/40 MHz-Anlagen gilt: Die Antenne des Schülersenders sollte abgenommen oder eingeschoben werden. Bei deaktiviertem HF-Signal hat die Antenne zwar keine Wirkung mehr, sie könnte aber den in direkter Nähe stehenden Lehrer stören. Die Antenne des Lehrersenders muss dagegen komplett ausgezogen sein, weil über dessen Sender die Kommunikation mit dem Empfänger im Modell passiert.

- Üblicherweise erwarten die Hersteller, dass die Sender auf den PPM-Modus eingestellt werden.

- Knüppelbelegung und Trimmung sollten bei Lehrer- und Schülersender übereinstimmen. Ist die Trimmung unterschiedlich, so kann es bei Übernahme des Signals durch den Lehrer oder Schüler zu ungewollten Bewegungen des Modells kommen!

Die schematische Abb. 12.1 soll das verdeutlichen.

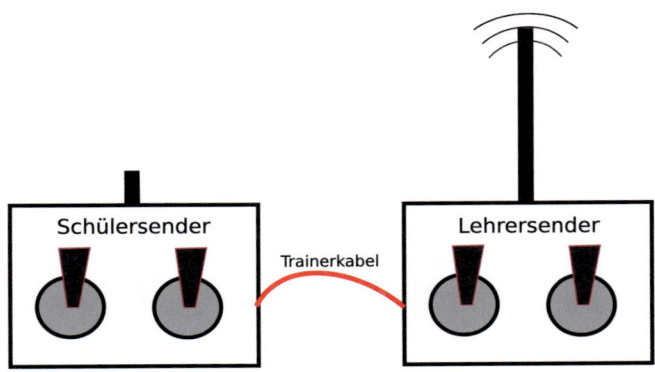

Abb. 12.1: Wenn Sie zwei Sender zu einem Lehrer-Schüler-System verbinden, wird das HF-Signal über den Lehrersender ausgestrahlt. Die Antenne des Schülersenders ist eingefahren und dessen HF-Modul deaktiviert.

12.4 Die Praxis

Wie ein Lehrer-Schüler-Betrieb in der Praxis aussieht, soll am konkreten Beispiel gezeigt werden. Dazu wird im Folgenden die Einrichtung an der Futaba FF-10 beschrieben.

Die FF-10 besitzt einen Kippschalter mit der Bezeichnung *H*. Dieser Schalter federt in die Ausgangsposition zurück, wenn er losgelassen wird. Solange der Lehrer diesen Schalter auslenkt, übergibt er die Steuerfunktionen an den Schüler nach einem vorher pro Kanal festgelegten Plan. Lässt er den Schalter jedoch los, so werden die übergebenen Funktionen wieder an den Lehrersender übertragen.

Jeder Kanal kann nun für den Lehrer-Schüler-Betrieb individuell programmiert werden. Es stehen bei der FF-10 folgende Möglichkeiten zur Verfügung:

- *OFF*: Der Kanal wird nur vom Lehrer gesteuert. Der Schüler hat kein Mitspracherecht.

- *NORM und FUNC*: Betätigt der Lehrer den H-Schalter, so wird dieser Kanal vom Schüler gesteuert. Im FUNC-Modus werden die Mischer auf dem Lehrersender angewendet, im NORM-Modus die des Schülers. Da heutige Computersender alle für die Hubschraubersteuerung nötigen Mischer an Bord haben, ist diese Entscheidung, welcher Sender für die Mischungsfunktionen zuständig ist, Geschmackssache.

- *MIX*: Wird der H-Schalter betätigt, kann sowohl der Lehrer als auch der Schüler diesen Kanal steuern.

Bevor der Lehrer-Schüler-Betrieb gestartet wird, ist natürlich ein Test bei deaktiviertem Antrieb durchzuführen!

Kapitel 13

Glossar

ARF
Almost ready to fly - Modell ist herstellerseitig fast komplett zusammengesetzt worden. Der Käufer muss nur noch wenige Handgriffe erledigen, um das Modell flugfertig einzurichten.

Autorotation
Landung bei ausgeschaltetem Motor

Deutscher Modellflieger Verband e.V.
Der Sportverband *Deutscher Modellfliegerverband e.V.(DMFV)* ist die größte, auf Modellflug spezialisierte Interessenvertretung in Deutschland mit 63.000 Mitgliedern in über 1.200 Mitgliedsvereinen (Stand: Juli 2008).

Dual FHSS
Dual Frequency Hopping Spread Spectrum – eingesetzte Funktechnologie in den 2,4-GHz-Modulen der Firma Weatronic

Diversity
Redundante Komponenten für bessere Sicherheit, z. B. zwei Empfängerantennen die orthogonal zueinander ausgelegt sind

Drehzahlgesteuert
Drehzahlgesteuerte Modelle erreichen eine Höhenänderung über die Veränderung der Motorleistung.

DR
Dual Rate – Lineare Stauchung oder Streckung einer Kurve (z. B. für feinfühlige Steuerung von Roll und Nick oder Servowegbegrenzung)

Expo
Exponentialverlauf einer Kurve (z. B. für feinfühlige Steuerung von Roll und Nick)

Fail-Safe
Die Möglichkeit, Kanalwerte im Empfänger zu speichern, die bei einem Verbindungsabbruch zur Anwendung kommen

FASST
Futaba Advanced Spread Spectrum Technology – eingesetzte Funktechnologie in den 2,4-GHz-Sendern der Firma Robbe

Feature
Besondere Funktionen oder Eigenschaften eines Gerätes

Fixpitch
Mechanisch eingestellte Anstellung der Rotorblätter, die nicht während des Fluges änderbar ist

Frequenzhopping
Schneller Frequenzwechsel, um den Einfluss von Störungen auf einer Frequenz zu minimieren

Gaskurve
Wirkung des Gasknüppels auf den Kanalausgangswert für die Motorleistung

Gaslimit
Maximal möglicher Wert auf dem Gaskanal, der bei einigen Sendern über einen Drehgeber einstellbar ist. Auch über Mischfunktionen ist eine Gaslimit-Einstellungen über einen Geber möglich.

Geber
Schalter, Taster, Schieberegler und andere Eingabemöglichkeiten am Sender

Gieren
Drehung um die Hochachse

Governor-Modus
In dieser Betriebsart des Motorreglers wirkt ein Reglermechanismus, der die Motorleistung so anpasst, dass die Drehzahl des Motors konstant bleibt.

Gyro
Abkürzung von Gyroskop – wird auch als *Kreisel* bezeichnet. Ein Gyro erkennt Abweichungen in der Drehgeschwindigkeit in *einer* Raumrichtung. Die im Modellflug eingesetzten Gyros besitzen einen Regelkreis, um ungewollten Drehbewegungen durch Ansteuerung eines Servos entgegenzusteuern.

Handsender
Der Sender wird in der Hand gehalten und die Steuerknüppel mit den Daumen bedient.

Horizontalstabilisierung
Meist elektronische Stabilisierung, die das Modell mit Hilfe eingebauter Gyro-Komponenten und einem Regelmechanismus horizontal ausrichten kann

IFS
Intelligent-Frequency-Select – eingesetzte Funktechnologie in den 2,4-GHz-Sendern der Firma Graupner

Kanal
Entweder eine Frequenz innerhalb eines Frequenzbandes oder ein Senderkanal, welcher zusammen mit anderen Kanälen des Senders auf einem Funkkanal moduliert wird.

Kopplung oder Bindung
Die logische Verbindung von Sender und Empfänger, d. h. der Empfänger weiß, wessen Signale er zu interpretieren hat.

Lehrer-Schüler-Betrieb
Verbindung zweier Sender zu einem Lehrer-Schüler-System. Die Signale des Schülersenders können vom Lehrersender überschrieben werden.

Link
Allgemein *Verknüpfung*, wird in verschiedenen Kontexten verwendet, z. B. für die Kopplung von Sender und Empfänger

Logik-Schalter
Virtuelle Schalter, die eine boolesche Verknüpfung von Signalen (z. B. Geberstellungen) vornehmen

Mischer
Funktion, die zwei Eingangssignale miteinander „vermischt" und daraus ein Ausgangssignal erzeugt

Nick
Vorwärts-/Rückwärts-Neigung, die zur Bewegung des Hubschraubers in diese Richtung führt

PCM
Pulse-Code-Modulation – herstellerspezifisches Funkprotokoll, das Fehlerkorrekturmechanismen besitzt

Pitch
Blattanstellung der Rotorblätter

Pitchgesteuert
Pitchgesteuerte Modelle können die Anstellung der Rotorblätter im Flug ändern und so eine Höhenänderung bewirken.

Pitchkurve
Wirkung des Pitchknüppels auf die Anstellung der Hauptrotorblätter

Pitchlehre
Messgerät für die Anstellung eines Rotorblattes

Power-Down-Modus
Sendeleistungsreduzierte Betriebsart des Senders, die für Reichweitentests genutzt wird

PPM
Puls-Position-Modulation – standardisiertes Funkprotokoll, mit dem sich Sender und Empfänger unterschiedlicher Hersteller unterhalten können

Pultsender
Der Sender hängt an einem Gurt vor dem Bauch, die Steuerknüppel werden jeweils mit Daumen und Zeigefinger bedient.

Reichweitentest
Überprüfung der Empfangsqualität eines in der Nähe zum Sender befind-

lichen Empfängers bei verringerter Sendeleistung, um sicherzustellen, dass bei normaler Sendeleistung auch große Entfernungen zwischen Sender und Empfänger möglich sind

RTF
Ready-to-fly – Modell ist herstellerseitig zusammengebaut worden und kann nach Einsetzen der Batterien geflogen werden.

Roll
Seitwärts-Neigung, die zur Bewegung des Hubschraubers in diese Richtung führt

Steuermodus
Knüppelbelegung – elektronisch und mechanisch einzustellen

Stützpunkt
Argument zur Auslegung einer mathematischen Kurve. Stützpunkte werden bei der Senderprogrammierung zur Festlegung von Gas- und Pitch-Kurven verwendet.

Synthesizer
Modul, das eine konfigurierbare Frequenz innerhalb eines Freqenzbandes erzeugt. Der Synthesizer ersetzt damit den Sende-/Empfangsquarz.

Stroboskop-Prinzip bei Drehzahlmessgeräten
Messgerät mit einem periodisch öffnenden und schließenden Sichtspalt, durch den man auf den drehenden Rotor schauen muss. Die Öffnungsfrequenz des Sichtspaltes wird für den Messvorgang so lange erhöht, bis sich der Rotor nicht mehr zu drehen scheint. Diese Frequenz lässt sich in die Drehgeschwindigkeit umrechnen.

Taumelscheibe
Großes Kugellager, das die Nick- und Roll-Auslenkung des Hauptrotors erlaubt. Die Taumelscheibe trennt die drehenden Teile des Rotors von der statischen Ansteuerung.

Timer
Rückwärtslaufende Uhr, die bei Erreichen des Nullwerts einen Alarm auslöst. Verwendung beispielsweise für die Benachrichtigung, dass die maximal mögliche Flugzeit erreicht wurde.